JN300249

# コミュニティワークの教育的実践

## 教育と福祉とを結ぶ

高橋 満

東信堂

# はしがき

　社会教育と社会福祉の領域とでは、地域にどうアプローチするのかというときに、実践の目的も、具体的な介入の方法についても異なるところがある。しかしながら、その違いとともに、両者の実践をどのように統合し、相互に関連づけることができるのかを考えることがよりよい地域社会をつくるためには重要である。本書では、教育と福祉の研究と実践を架橋することをめざしている。

　これまで地域づくりと社会教育に関するテーマにかかわって、本章で扱っている概念について論じてきた（高橋2003、2009）。これらがソーシャルキャピタルや、コミュニティ・キャパシティ・ビルディングなどの概念である。しかし、本書をまとめる過程で、改めて概念の意味と実践の視点について基本的なことから再確認し、かつ、実践の戦略の立て方、計画や評価の手法に至るまで比較的体系的に具体化することをめざした。これまでに拙著『社会教育の現代的実践』（創風社、2003年）や『NPOの公共性と生涯学習のガバナンス』（東信堂、2009年）を読んでいただいた方々にも、この書によってコミュニティ・アプローチについて理解をより深めていただけるのではないかと思う。つまり、前著の理論を実践にいかに活かすことができるのか、実践への架橋を試みたところに本書の特徴がある。

　本書に入れられた内容は、講演のために用意されたものである。これらは以下の通りである。収録する際に内容だけでなく、テーマを大幅に変更している。

### 初出一覧
1. 学びの場としての地域活動・市民活動
　　北九州市市民カレッジ「社会教育・生涯学習の基礎を学ぶ」（北九州市）、

2009年12月
2. 対話と参加でつくる福祉のまち
山口県熊毛郡平生町社会福祉協議会　地域福祉セミナー（平生町）、2010年6月
3. 地域の力とまちづくり・人づくり～ソーシャルキャピタルと成人教育～
認知症介護研究・研修仙台センター主催、研修（大阪会場）、2010年2月
4. 地域のソーシャルキャピタルを育む―地域で実践するために具体的に何をやるのか
認知症介護研究・研修仙台センター主催、研修（東京国際フォーラム）、2010年10月
5. 〈福祉のまち〉づくりの実践をどう計画・評価するのか
認知症介護研究・研修仙台センター主催、研修（東京国際フォーラム）、2011年3月

　これらの研修は、社会教育職員だけでなく、社会福祉施設の職員の研修のために用意されたものである。したがって、教育研究の視点から社会福祉への架橋を試みることに努めている。この書は、社会教育だけではなく社会福祉、地域づくり、地域医療・保健などの領域の研究者、職員、さまざまな地域課題の解決をめぐり地域で活動しているNPOのメンバーの方々にも読んで活用していただきたいと願っている。それぞれ領域も、役割・課題も異なるが、地域の力を高めるということが共通した目標となるであろうし、その具体的方法についても固有性というよりも、共通した側面が少なくない。したがって、社会福祉、とくに地域福祉論だけではなく、これらの諸領域の研究や実践からも多くのことを学ばせていただき本書に反映させている。
　構成について前もって示しておこう。
　序章では、自由主義的改革のなかで変容してきた社会の諸課題を社会的排除の諸相として確認するとともに、社会福祉の領域で展開されてきたコミュニティワークの理論を批判的に検討し、この教育的アプローチを確立する際に必要な視点と課題を確認する。
　第1章は、地域をつくるコミュニティワークの教育的実践を支える学習論である。学校教育に典型的な個体主義的学習論に対して、ここで提示するのは、実践コミュニティへの参加として学びをとらえる。後に展開する協同の

実践をどのようにつくるべきなのか、その実践の視点を確認する。

　つづく第2章では、わたくしたちがめざすべき〈まち〉とはどのようなものであるのか。社会福祉領域の〈福祉コミュニティ論〉を批判的に検討しつつ、前章で確認した実践の視点を、まちづくりに即して具体的に考えることになる。

　第3章は、豊かな地域の暮らしをつくる力をどのように高めるのかを考える。そのとき、ソーシャルキャピタルという概念を導入する。ソーシャルキャピタルとは何か、地域の力を高める際になぜ大切なのかを論じる。

　第4章は、より具体的に、地域の力を高める実践をどのようにつくるのか、その戦略の立て方、実践のすすめ方を紹介する。その際に、具体的な実践の事例もくわえて説明したい。

　第5章では、福祉のまちづくりの実践をどのように計画するのか。この実践をどう評価するのか。ロジック・モデルの基本的考え方を紹介し、これも具体的な実践事例に即して理解してもらえるようにつとめている。

　第6章では、コミュニティワークの教育的アプローチを中心に担うべき公民館職員の専門性とは何か。その力量をどのように形成してきたのかということを実証的に明らかにしつつ、職員に求められる価値や倫理、専門性を高めるための研修の課題等を明らかにしている。

　終章では、2011年3月11日の震災・津波で大きな被害を受けた地域をとりあげ、避難や復興のプロセスにみられる地域力の意義を実証的に明らかにすることをとおして、社会教育の社会的価値を確認する。

　3.11の大震災後、南三陸町、石巻市、登米市など津波で被災した自治体や被災者を受け入れて支援した自治体における学校や地域住民、公民館職員等、多くの方々からのヒヤリングを重ねてきた。津波からの避難の過程や復興の取り組みのなかで、改めて、その地域が協同の実践のなかでつくりあげてきた地域力、その中心にソーシャルキャピタルがあることを実感させられた。したがって、本書は防災や減災にどのように取り組むのかという、日本社会が直面している実践的な課題にも重要な視点を提示できたのではないかと思う。

　社会教育、社会福祉領域の職員の方々を対象とした内容と構成に心掛けた

ために、より実践的な課題や、視点などを内容として盛り込むことができたと思う。こうした機会をいただいた各研修会の担当者の皆様、とくに社会福祉の領域との協同の機会を与えてくださった認知症介護研究・研修仙台センターの加藤伸司センター長、矢吹知之主任研修研究員はじめ関係者の方々に、あらためて感謝を申し上げたい。事例としてあげた自治体である塩竈市、仙台市、奈良市の職員の方々にも感謝を申し上げたい。こうした協働の経験がなければ、具体的な実践の視点や手法などを自信を持って書くことがむつかしかったことはまちがいない。

　最後になったが、出版状況の厳しいなか、下田勝司社長には2冊目の研究書として本書を出版させていただいたことにお礼を申し上げたい。

3.11から2年目を迎えようとする仙台にて

高橋　満

コミュニティワークの教育的実践──教育と福祉とを結ぶ／目次

はしがき ……………………………………………………………………… i
序章　包摂的な地域社会をつくる社会教育実践 ………………………… 3
　　はじめに ……………………………………………………………… 3
　1　社会正義と社会的排除の諸相 …………………………………… 4
　2　コミュニティワーク──２つのアプローチ …………………… 11
　3　コミュニティワークの教育的実践とは ………………………… 16
　4　本書の課題 ………………………………………………………… 19
第1章　学びの場としての地域活動 ……………………………………… 22
　　はじめに ……………………………………………………………… 22
　1　社会学級──市民活動のインキュベーター …………………… 23
　2　知識を覚える──手段としての学び …………………………… 27
　3　ともに社会をつくる学び ………………………………………… 29
　4　〈学びほぐす〉ということ ……………………………………… 32
　5　創発的協同の学びをつくる ……………………………………… 36
　　おわりに ……………………………………………………………… 41
第2章　対話と参加でつくる〈福祉のまち〉 …………………………… 42
　　はじめに ……………………………………………………………… 42
　1　〈幸せな暮らし〉とは何か ……………………………………… 42
　2　福祉コミュニティをどうとらえるのか ………………………… 46
　3　〈福祉のまち〉をどうつくるのか ……………………………… 52
　　おわりに ……………………………………………………………… 55
第3章　ソーシャルキャピタルと教育的実践 …………………………… 56
　　はじめに ……………………………………………………………… 56
　1　ソーシャルキャピタルとは何か ………………………………… 56
　2　角川自然環境学校の取り組み …………………………………… 64
　3　ソーシャルキャピタルをつくる ………………………………… 69
　4　ソーシャルキャピタルをどう活かすのか ……………………… 73
　　おわりに ……………………………………………………………… 76

## 第4章　地域の力を高める戦略をどうつくるのか……78
　はじめに ……78
　1　なぜ、ソーシャルキャピタルを育むのか ……78
　2　どのように〈地域の力〉を高めるのか ……83
　3　具体的な事業のつくりかた──参加と対話をつくる ……87
　4　私たちの実践をふりかえる ……91
　おわりに ……96

## 第5章　参画型まちづくりの計画と評価 ……99
　　　　──ロジック・モデルの技法
　はじめに ……99
　1　計画・評価と市民参加 ……100
　2　ロジック・モデルとは何か ……104
　　　──〈変化の理論〉とプログラム・モデル
　3　〈健康のまち〉づくりの実践 ……112
　4　プログラムを改善する──2つの基準で点検する ……122
　5　実践の評価をどうデザインするか ……124
　おわりに ……130

## 第6章　コミュニティワーカーとしての公民館職員 ……132
　　　　──その専門性と力量形成
　はじめに ……132
　1　公民館職員とは ……132
　2　仕事をとおして学ぶ ……133
　3　学びを組織する ……138
　4　利用者との信頼関係をつくる力 ……140
　5　地域の資源を結びつける──コミュニティワークの技法 ……145
　6　実践の場の性格と協同関係 ……152
　7　公民館職員の価値と倫理 ……155
　8　公民館職員の専門性と研修機会 ……162

終章　社会教育の社会的価値 …………………………………166
　　　──震災の経験をとおして
　1　震災をとおして見た「地域と学校」関係 ………………167
　2　高齢者の〈安心〉をどうつくるのか ……………………176
　3　学習と震災ボランティア活動への参加 …………………185
　　　──仙台市の生涯学習調査から
　おわりに ……………………………………………………190

参考文献一覧 ……………………………………………………193
索引（事項・人名）………………………………………………199

コミュニティワークの教育的実践
　——教育と福祉とを結ぶ

# 序章　包摂的な地域社会をつくる社会教育実践

**はじめに**

　現代は、危機の時代といってよいだろう。その基底には、自由主義的改革がすすむなかで雇用の不安定が一層深化しつつあるという現実がある。この結果、貧困化と社会的不平等による亀裂が社会に大きく広がり、自殺や犯罪の増大となってあらわれている。一方、平和をめぐる問題や環境をいかに守るのかということも鋭く問われている。グローバリゼーションによって、わたくしたちの暮らしは大きく揺らぎ、したがって、新たな質の実践的課題がわたくしたちに投げかけられている。

　危機のもう一つの側面は、労働社会を前提として社会的諸問題の解決をめぐってつくられてきた社会諸制度の限界が明らかになってきたことに見られる。年金制度に端的にあらわれているように、高齢化からでてくる諸問題に適切に対応できていない。子どもの世界に広がるいじめや自殺などは教育制度の矛盾を反映している。2011年の3.11の震災は確かに自然災害にほかならないが、その後の事故調査・検証委員会が指摘しているように、安全神話をつくりつつ「過酷事故対策」を怠ってきた問題、原子力安全委員会自体が「規制の虜」になって東京電力の監視をなし得なかった問題など、すぐれて日本的な特徴をもつ社会的な要因によって生じたものであった。つまり、原子力事故を含めて震災からでてくる諸問題は自然的であるとともに、社会的な災害であることを見なければならない。

　戦後から高度経済成長期にかけて、曲がりなりにも日本でも福祉国家的な政策がすすめられてきた。社会的権利である社会福祉についても、社会教育を含む教育政策についても、社会的平等と国家による権利の保障を基調にして不十分ながら制度化がすすめられてきた。しかし、1980年代以降の社会改革では、「画一的」・「非効率的」だとして福祉国家的スタンスは否定され、

市場化を中心に制度改革がすすめられている。

　この改革下の政策として注目されているものの一つが「地域化」である。それは市場化とともに民営化の一形態としてとらえることができる。コミュニティワークは、一面では、この「地域化」のなかでことさら注目されるのであり、したがって、自由主義的改革のなかでの「地域化」である、ということの意味を批判的に吟味しつつ議論をすすめる必要がある。

　この序章では、こうした認識にもとづき以下のことを論じる。第1に、わたくしたちの暮らしをめぐる諸課題を、社会的排除の諸相として確認する。それは、問題をどうとらえるのかという立場が、実践に求められる視点を規定するからである。第2に、コミュニティワークは社会福祉のソーシャルワーカーの援助技術として理解されているが、この社会福祉領域のコミュニティワークの理論から批判的に学びつつも、その限界を指摘する。第3に、コミュニティワークの教育的アプローチ、本書でいうコミュニティワークの教育的実践の理論・技法を構築する際に必要となる視点と課題を提示したい。

## 1　社会正義と社会的排除の諸相

**社会正義の視点からどのように問題化するのか**

　コミュニティワークとは、社会正義から見た地域に生じている問題の解決のために行う実践・介入である、さしあたりこう定義しておこう。わたくしは社会教育職員も社会正義の視点から地域の問題をつかみ、その解決のために学びを組織することをとおして働きかけるべきだと主張している。では、ここでいう社会正義の視点をどのように具体化することができるのか。

　社会福祉では問うべき生活問題は制度的に明示されている。逆にいえば、制度になじまない人たち、人たちの問題は専門家たちの視野からは排除される。これに対して、わたくしたちの生活からでてくる問題は多様で、かつ大きな広がりをもつ。社会正義の視点からどのように問題を析出しうるのか、まず、こうした問いに応答する必要があろう。

　この点について、別の論考で以下のように書いてきた (高橋 2009: 128-129)。これはカナダの旅で遭遇した「社会正義を求める集会」に触れた文の一節である。

（社会正義を求める集会に参加した人たちは）当為としての社会正義を描きつつ実践を行うことをしない。そんなことをすれば、おそらく異見続出で運動は拡散して消滅することはまちがいないだろう。彼・彼女たちが問題とするのは、それぞれの視点からの「不正義」である。例えば、公共費を削減しようとする州政府の「不正義」であり、人種や性にもとづく差別という「不正義」であり、戦争に加担しようとする政府の「不正義」なのである。つまり、不正義であるかを特定化する作業もまた、先見的にではなく、あくまでも民主主義の実践、すなわち直接の当事者たちを越えた多くの人々の理解や同感にもとづく開かれた討議や実践のなかですすめられる。こうして異質で、かつ多様性をもちながらも、共通の目的をもって広場に集まることによって拓かれた公共空間が形成されつつある。

　ここで大切な点は、「正義」をアプリオリに措定するのではなく、「不正義」を一つひとつ特定化する作業を公共的な討議のなかですすめていくこと、つまり、それが「民主主義の実践」であるべきだという点である。コミュニティワーカーは専門職であるから、求められる価値・倫理を踏まえた実践をしているが、だからといって専門職が高踏的に「あるべき姿」を設定してはならない、というように読み解かれねばならない。社会的な必要性を強く感じれば感じるほど、操作主義に陥る危険があることにわたくしたちは自覚的でなければならないのである。

　ではどのようにすすめるべきか。それが「民主主義の実践」である。多様な参加者との対話と議論をとおして地域課題を確認すべきこと。少なくとも、活動に参加する人たちが共通認識をもつように働きかけることが不可欠であろう。「公共的な討議や実践を通して、個々の事実の重みや意味を了解しながら、また相対立する判断や理由に耳を傾けながら、根深い不正義の特定化に関する理性的な合意を人びとの間で広く形成していく」(A. セン 2000: 176)、そうした方法である。そして、これが教育的アプローチの真髄でもある。

　「正義」の理解は多様であっても、許されるべきでない「もの」「こと」、つまり、「不正義」については対話のなかでおおよその合意をつくれるはずである。しかし、問題は残る。それはどのように参加をつくるのかという課題である。

人種や性的マイノリティゆえに、障がいを持つゆえに差別される人たち。貧困のなかで飢え、極寒のなかでも暖房にも欠く暮らしをしている人たち。わたくしたちは彼らの苦悩や苦難を自らのものとして感じることができる。大震災で被災した人たちを支援するためにボランティアに駆けつける人びと。彼らを駆り立てる動機は、そうした苦悩のなかにいる人たちへの「同感」(sympathy)である(A.スミス 2004)。しかし、「同感は人びとを行動に駆り立てるものであるが、それだけでは実践コミュニティへの参加を実現することはできない」(高橋 2009: 56)。人びとの社会的活動への参加をどうつくるのか、ということを具体化しなければならない。

以下では、わたくしがこれまで実施してきた調査にもとづき、こうした地域問題のいくつかを確認しておきたい。問題が生じるプロセスの理解は、その解決の方向をめぐる理解と密接に関連するからである。

### 「隔離」される構造——外国人労働者の暮らし

グローバル化のなかで東北社会にも外国籍市民の数が増大している。東北社会で特徴的なのは国際結婚による流入だが、それだけではなく製造業の労働力として働いている現状がある。とくに、1990年代の入国管理法の改正後、日系人労働者が増大している。しかし、市民たちがそのことに気づくことはまれである。例えば、宮城県塩竈市にはつねに一定数の外国人労働者が働いている。増減はあるもののおよそ100人の日系ブラジル人が小さな東北のまちに住みつづけてきた。しかしながら、市民たちはそのことに気づかない。それはなぜか。

彼らは早朝から夜遅くまで働きつづけ、会社のバスで通勤し、会社が用意したアパートに集住して暮らしている。そうした生活構造がある。したがって、普段の暮らしのなかでは日本人との接点がつくれない、「顔の見えない」「忘れられた」人びとであった。

　　　会社に30人くらいきています。会社がアパートを用意してくれているので生活には困りません。塩竈に来て5～6年ですが、会社の日本人と話をするだけです。同じアパートの仲間とご飯を食べるのも一緒、働くのも一緒、遊ぶ

のも一緒、24時間顔をつきあわせているので息がつまるような気がします。

　彼らは地域の暮らしのなかでは日本人と接する機会を構造的に奪われている。それは以下のような構造である。労働市場の不可欠な労働力として組み込まれているが、日本人との間には明確な分断がある。①労働市場における分断（日本人より時給が200円ほど高い）、②これに性による分断（水産加工労働力の主体は女性である）が加わる。③そして居住における隔離（segregation）である。彼らは地域のなかで孤立し、隔離され、働くだけの生活を送ってきた。しかし、「仕事とか家事だけでは生きていけない」ことはいうまでもない。
　こうした問題は社会福祉の制度的方策には馴染まない問題である。日本人が積極的に排除する構造をもつわけでもない。日本人でも地域で孤立して暮らしている人は珍しいものではない。しかし、「あってはならない」問題ではないか。この実践では、塩竈市に暮らす外国籍市民の状況を理解してもらうために当事者の参加で「外国人市民支援実践講座」を開き、彼らの声を聞くとともに、支援の力量をつけるために「日本語教師養成講座」を組み合わせている。さらに、交流の機会として「ブラジル映画とサンバの夕べ」、「市民相談窓口」の設置など市民ベースの支援を構築してきている。
　こうした課題では、住民と外国籍市民とがどのように地域でともに暮らすのか、交流することができるのか、そうしたことが実践の課題となる。それはすぐれて市民に問われる課題である（高橋 2003: 197-239）。

**貧困と排除のプロセス――絶望の淵へ**
　モンゴルの体制転換のプロセスでいかに人びとが貧困化をしていくのかを調べてきた（高橋 2009, Adiyanyam ほか 2010）。首都ウランバートルの郊外に貧困ゲル地域の極貧層といわれる人たちの暮らしが広がっている。大都市から排出されるごみ収集で生計を立てる人たち、「絶望の淵」にいる人びとである。

　　ホギーン・ツェグ。それは都会から日々吐き出されるゴミ捨て場。
　　この周辺に居住する人びとは、このゴミ捨て場からリサイクル可能なゴミを選り分け、それを売って日々の生活の糧にして生活する。このプロセ

スは、まるで彼らの人生そのものだ。体制転換後の混乱のなかで職を失い、豊かな生活を夢見て地方から都会へ流入してきても、彼らを待っていたもの、それは劣悪な環境の労働だけである。極寒のなかでもストーブのない生活、粉塵のなかでの仕事で身体を壊していく人たち。こうした人たちが折り重なるように生活する。

ホギーン・ツェグ。それは零落した貧困層の人たちが集積する、暮らしの場でもある。

貧困とは、さしあたり経済的状態としてとらえられるが、調査が明らかにした零落のプロセスは、彼らの社会的な諸関係が少しずつ「引き剥がされる」プロセスでもあった。まず、社会主義企業体の解体により失業し、労働から排除される。さらに市場化がすすむなかで、土地からも「剥ぎとられ」、職を求めて大都市に移動する。この過程で住民証明を失い、社会保障制度からも排除される。郊外の貧困ゲル集落の知り合いのゲルに住み、かろうじて自分のゲルを建てる。さらに、貧困のなかで常用的な飲酒と家庭内暴力による家族の解体も深刻である。モンゴルの母子世帯率は極端に高い比率を示す。こうしてゴミ捨て場での暮らしに転落していく。貧困のなかで日々食べるのがやっとの暮らしへと落ちていく。

モンゴルは資本主義化のプロセスで社会保障制度が解体している。現在でも不十分であるが、ホギーン・ツェグの困窮化した住民をソーシャルワーカーが成人教育施設につなぐ役割を果たしているが、問題の解決はここからである。成人教育施設であるノンフォーマル教育センターでは、識字教育とともに、労働省系統の職業教育訓練の事業を実施して就労につなげていく。大切な点は、個人としてのエンプロイアビリティを高めるということではなく、起業するためにグループ化を奨励し、協同関係をつくること、社会に参加することを実践の視点として重視していることである。リスターがいうように（Lister 2004＝リスター 2011）、社会正義のための実践は、再配分だけではなく、承認と尊重・敬意の両方を含むものでなければならない。

**精神障がい者の社会的排除**

統合失調症をともなう精神障がい者の発生比率は人口の1％にもなるとい

われる。若者の「引きこもり」が深刻な社会問題の一つとなっているが、その一部は精神障がいと重なりをもつ。

　精神障がいは中学から高校など思春期に発症する病気である。症状としては、幻覚・幻聴などもあるが、対人恐怖症というのが少なくない。他人が自分を見張っているのではないか、攻撃するのではないかと感じ、「引きこもる」。したがって、友だちとの関係も失っていくことが稀でない。

　　　ほとんど家にいて、食事をするだけで、何もしないで、ただぼーっとしたり、テレビを見ているだけで暮らしていました。それが10年以上もつづきました。

　家族はこうした状況を理解できない。一見、怠惰な生活に見えるために親や家族たちも強く非難したり、攻撃をくり返すことも少なくない。こうして親子関係は崩壊していく。また、発症により、あるいは薬を服用することによる副作用の症状がでてきてふつうには働くことがむつかしくなる。自分でも何とかしなければと思いながらも、どうしても動けない苦悩。この絶望のなか、自殺・自殺未遂に陥る患者も少なくない。

　症状が強い場合、強制的に入院となるが、そのとき自分を押さえつけた保健師など専門職員たちに対して強い不信感をもちつづける。こうした不信感もその後の行政的な支援の妨げとなっていく。

　　　最初は部屋にかぎがかかっていて、入院して半年くらいまではつらかった。死にたいと思いました。周りのなかには20年、30年という人もいて、「オレ、一生でれないのかな」と思いました。40年、50年というのもざらだべ。

　こうして精神病の発症によって社会的な諸関係はズタズタに断ち切られ、彼・彼女たちは家族からも、地域からも排除され、精神的にも空間的にも孤立してしまうことになる。

　就労支援B型を運営するNPO法人青葉会の事務局長大洞さんは、保健師時代に培った力を活用し地域のなかで互助・共助の関係をつくる。わたくしたちの分析によれば (槇石・高橋 2012)、これが①「自ら働きかけてつくる事業＝支援の関係」＝当事者が行動しつくる地域を基盤とした事業、②「事業

をとおして互助の関係をつくる」＝意図的に労働力に不足する高齢者の農作業を請け負う、③「事業をとおしてつくる〈思いやり〉の関係」＝工房でつくった豆腐のふり売りの時に高齢者に働きかける、などである。

　大洞さんの実践では、事業という「経済的交換関係を、一人ひとり『顔』のみえる関係により結ばれた関係につなげているところに意義がある。まさに、『経済』ではなくて、『社会的経済』なのである。空き缶のリサイクル、資源ごみの回収に協力する、作業を委託する、工房で利用者がつくった豆腐・菓子を購入する、ボランティアをするなど、多様な契機をとおして利用者と住民とが結びつく機会がつくられている」(槇石・高橋 2012)。つまり、支援・被支援という一方的な関係ではなく、相互承認と相互支援の関係性が地域社会のなかに育まれるということを意味する実践から学ぶべきことは少なくない。

## 包摂的な地域社会をどうつくるのか

　1990年代から社会的排除の概念をめぐって議論があるが、この見方の一つの強みは、問題を「過程」として、あるいは「関係概念」としてとらえるところにある (Lister 2004=リスター 2011、岩田 2008、日本社会教育学会 2006)。つまり、社会的配分の問題は国家の役割であるが、彼らの問題を社会参加のあり方や、権力の欠如としてとらえることが可能となる。こうした視点から見れば、苦悩の内実も、その深刻さもそれぞれ異なることはいうまでもないが、そこに共通する要素やプロセスがあることに気づく。

　第1に、これらの諸問題は、いずれも社会正義の視点から「あってはならないもの」と理解される。したがって、こうした状況にあることを市民が正しく知ることが出発点である。しかし、共感を感じたとしても、具体的な行動に踏みだす意思を市民が持つのには依然距離がある。この「同感」をどう実践につなぐのか、これがコミュニティワーカーの実践の課題となる。

　第2に、隔離、貧困、障害と、それぞれ問題は異なるが、彼らがみな社会との絆を剥ぎとられるプロセスを経験しているということである。したがって、金銭的補償や社会的サービスの提供だけでなく、当事者の主体的な参加をとおしてこの社会的なつながりをいかに回復するのかということがワーカーの実践の視点となる。再度繰り返しになるが、社会正義のための実践は、

再配分だけではなく、承認と尊重・敬意のポリティックスが統合されねばならない。

したがって3つの事例の考察から浮かび上がってきたように、問われるのは、社会保障制度をめぐる課題だけでもないし、自立支援で問題となるような技術や知識を獲得するとか、労働への意欲の喚起というような彼らの問題だけではない。それは、排除された人たちの社会参加の問題であり、わたくしたちが、排除された彼・彼女たちをいかに受容・包摂するのかという課題でもある。地域のなかでともにいかに暮らしていくのか、社会的に排除されてきた人たちを包摂する地域社会をどうつくるのか、包摂的な社会をどのようにつくるのか、ということがわたくしたちに鋭く問われている。

## 2　コミュニティワーク──2つのアプローチ

### 民営化の2つの道──市場化と地域化

1990年代以降、社会福祉領域では政策の大きな転換がすすみつつある。わたくしの理解では、民営化が2つの方向で進行している。第1に、市場化である。介護保険では、措置制度から福祉サービスをめぐる利用契約制度への移行が図られた。それは「自己選択」と「自己決定」を実現するものとして喧伝されていたが、その「選択」「決定」に潜む本質は、消費者としての主権にほかならない(松端 2007)。公共的な課題をめぐり制度的な連帯や協同的に解決するというより、個別化により対応するアプローチに志向する。

第2に、福祉の「地域化」である。いまや地域福祉は社会福祉では「主流化」しているといってよいだろう(武川 2006)。2000年に改正された社会福祉法では、社会参加が地域福祉の目標とされるとともに、行政ではなく地域住民、民間事業者などが、その地域福祉を推進する主体であると規定されている。この「地域化」にはNPOなどのサードセクターの福祉サービスも含まれる。したがって、この「地域化」で何が求められるのかということを仔細に検討する必要がある。

「地域化」は、住民の社会参加の一形態としてとらえられる。しかし、ここで留意する必要があるのは、社会福祉における「参加論」の議論の焦点が

変容しているという点である。1960年代から70年代までの議論では、行政の政策決定の過程への住民参加が運動の課題であったが、福祉改革のなかでのそれは、多様で、柔軟な供給主体としての、福祉サービスの担い手としての「参加論」へと議論そのものが変容してきている。したがって、いま問うべきは、どのような参加なのか、という問題である。

例えば、地域のなかで困難な人びとがいるとき、ソーシャルワーカーは地域の資源として住民の参加を求める。ときにボランティアとして、あるいは支援者として。無論、ボランティアとしての参加は大切である。しかし、それにとどまるならば、それは、私事化され、個別化された市民参加であり、新自由主義の能動的な市民像に適合的な形態にとどまる。

これに対してコミュニティアプローチで求められる考え方では、分権の徹底ということが大切な点である。国と自治体という政府間関係だけではなくて、自治体内のより小さな地域単位に意思決定の権限を委ねることこそが大切な視点である。

それは、「地域的な課題解決における議論と活動に参加しつつ、決定過程に参加する可能性とその実現過程のなかで形成される」(髙橋 2003: 15)。すなわち、行政や専門職者が決定したサービスの補完をするための地域ではなくて、自分たちの暮らしをよりよいものにするために、地域の課題を明らかにし、協同の力でその解決を図る活動をつくりつつ、参加すること。つまり、参加は地域レベルでのガバナンス論と接合しなければならない。

その点でいえば、右田紀久恵(右田 2005)の自治型地域福祉論で提起された視点が大切である。右田のいう自治型とは、「一定の地域社会において、住民の主体力・自治能力を要件として新しい質の地域社会を構築しようとするもの」であり、そのために、具体的な技法としてコミュニティワークが使われる。大切なのは、住民の生活の場に着目し、住民の主体的な力で、地域をつくるというプロセスをいかにつくるのかという点である。

### コミュニティワークとは

コミュニティワークとは、一般に社会福祉専門職の技術の一つである。ケースワークが直接的援助法であるのに対して、間接的援助法として理解される。

では、コミュニティワークは、そもそもどう定義されているのか。以下のような定義がある（日本地域福祉研究所 2005）。

> コミュニティワークは、社会的正義や社会的不平等にかかわる問題を、ローカルレベルにおける政策変化を促しながら、地域住民を組織化し、集合的なアクションにより解決を図ること。

　この定義から確認できるのは、①社会正義から見た地域に生起する諸問題を、②地域の資源である人、諸組織の力をとおして解決することがコミュニティワークである。そして、このために使われる具体的な技法がケースワーク、グループワーク、社会計画づくりなどの諸活動であると理解されてきた。

　この整理から、2つの点を指摘したい。第1に、コミュニティワークは、ただちに社会福祉と直接結びつくものではない広がりをもつものだという点である。いうまでもなく「社会的正義や社会的不平等にかかわる問題」は社会福祉の制度にかかわる諸問題に限定されるものではない。先の外国人市民の隔離から生じる生活問題、地域環境などを考えればわかるが、それはわたくしたちの生活にとって大切だが、制度的な福祉の視野には当然入らない。地域に住む住民が「あってはならないこと」「許せないこと」が、ここでの解決されるべき問題である。

　第2に、これを実践する専門職もソーシャルワーカーに限定されないだろう。そもそも福祉だけで社会正義や不平等が解決できるはずはない。草の根レベルでいえば、差別、環境、貧困などをめぐり社会運動・住民運動が展開されている。さらに、欧米の成人教育、日本の社会教育も地域をベースに地域課題を解決する活動をすすめてきた。ふり返ってみれば、1968年のGulbenkian Reportでは、教師、ソーシャルワーカー、保健師、建築家、事業プランナーなどが関連する専門職としてあげられている。専門職化の歴史的な闘争のなかで社会福祉職として理解されるようになったのである（Thomas 1983a）。

　この点は、大橋謙策（大橋ほか 2000: 50）も、保健師活動や公民館を拠点とした社会教育活動もコミュニティワークと同様の活動をしてきており、したがって、「保健婦活動や社会教育職員の活動も視野に入れながら、社会福祉

と関連行政とを総合的に、地域レベルで展開するコミュニティワークの在り方が今後ますます重要になる」こと、その「コミュニティワークに関する方法の体系化が求められている」と指摘しているが、それは正しい理解である。

むしろ問題は社会教育の側にある。つまり、社会教育は公民館を基盤にコミュニティワーク的な実践をしているが、それを意識的に取り組む必要性への自覚、それを支える方法の確立という点で大きく立ち遅れてきたといわざるをえない。したがって、わたくしたちの課題は、①社会教育の領域でコミュニティワークの実践を展開すること、②この技法の開発を意識的にすすめること、この2点である。つまり、コミュニティワークの教育的アプローチを確立することが研究の課題となる。

### コミュニティワークからコミュニティソーシャルワークへ

しかしながら、社会福祉領域の研究を見ると、コミュニティワークからコミュニティソーシャルワークという概念へと研究の重点が移行しているように思われる。コミュニティソーシャルワークを提唱し、理論的にも主導している大橋謙策（大橋 2000）によれば、それは以下のように定義される。

> コミュニティソーシャルワークとは、「地域に顕在的に、あるいは潜在的に存在する生活上のニーズを把握し、それら生活上の課題を抱えている人々に対して、ケアマネジメントを軸とするソーシャルワークの過程と、それらの個別援助を通して地域自立生活を可能ならしめる生活環境の整備や社会資源の改善・開発、ソーシャルサポート・ネットワークを形成するなどの地域社会においてソーシャルワークを統合的に展開する支援活動である」。

ここから確認できる諸点をまとめよう。①ソーシャルワーカーがニーズをとらえようとするのは、社会福祉の制度にのるべき人たち、障害者や高齢者であれば要支援者・要介護者であるということ。つまり、問題の制度的把握が出発点となる。②介入の基本は個別アプローチである。別の言葉でいえば、リスク・アプローチをとる。さらに、③活動の主体は、住民でもなく、ましてや当事者ではなく、ソーシャルワーカーという専門職におかれている。だから「技法」なのである。

ここに2つの問題があるように思われる。第1に、そこに見られる専門家主義である。もちろん、社会福祉の研究で、当事者の主体性や参加がとりわけ重視されていることをよく知っている。しかも、これがワーカーの役割に視点を据えた定義であるという面も見なければならない。しかしながら、この定義から読み取れる構図は、支援のネットワークは専門職の主導性のもとにつくられることを前提としている。

例えば、障がい者の認定や介護をめぐる認定調査・手続きを受けた経験をもつ人ならだれでも感じていると思うが、「自己選択」「自己決定」という理念は置き去られ、それは行政と専門職の権力にもとづく「強烈な職権主義的性格の制度」として運用がなされている (松端 2007)、と少なくともわたくしたち当事者は感じている。社会福祉制度と専門職者の持つ倫理性への信頼に依拠して大橋は立論しているが、社会福祉とは制度によって人びとを排除する機制でもあることに敏感でなければならない。

### コミュニティ・アプローチの復権

第2に、コミュニティソーシャルワークの個別化の志向である。コミュニティワークの目的は、要支援者・要介護者のもつニーズの充足ととらえられる。そのために、コミュニティ資源のネットワーク化が図られる。

こうしたコミュニティソーシャルワークを個別化する理解に対して、加納恵子は、それを「ケースワーク（個別援助）モデルの発展バージョン」(加納 2003=2004: 82) であると批判する。個別化論への志向は、福祉コミュニティに対する、狭い、かつ機能主義的理解と関連する限界であるが、これについては後述することにして、加納が対置する「コレクティブ・アプローチ」を見ておこう (加納 2003=2004: 83)。

> 「私の問題」を個別に解決するだけではなく、「私たちが住む地域社会の問題」として、「当事者住民としての私」が「地域変革」に挑戦していくコレクティブ・アプローチこそが地域支援の真骨頂であろう。

ここではコミュニティワーカーは地域そのものに、その地域の課題解決力を高めるために介入する。加納がいうように、福祉ニーズをもつ住民の課題

解決を図る個別アプローチがいらないわけではない。それは重要なアプローチであるが、コミュニティを手段としてとらえる個別アプローチを中心にすることによって、逆に、コミュニティ・アプローチのもっている可能性が限定されると彼女は批判する。

確かに、強い言葉でいうとすれば、社会福祉の方法へのコミュニティワークの矮小化だとわたくしも考える。つまり、①あくまで個別のケースの福祉ニーズを充足することが重要であり、コミュニティワークは、そのための手段として使われる。社会福祉における介護の市場化ということもあり、結果として、現場ではコミュニティワークは「有名無実化」に近い状況となる。②これとも関係するが、福祉ニーズ実現のための医療・福祉領域の人・機関のネットワーク形成に視野がとどまり、この〈福祉むら〉を越える人びとの参加や地域の諸問題の解決は必ずしも実践の射程にははいらない。したがって、コミュニティワークが持つ本来の可能性を汲みつくすことができないのではないかと思う。

加納がいう「コレクティブ・アプローチ」は、いい換えれば、コミュニティ・アプローチである。つまり、地域そのものの課題解決能力や自治力を高めるための働きかけは、個別アプローチと関連しつつも、固有の課題として意識的に取り組む必要がある。ここに教育的アプローチが必要とされる理由がある。本書の副題に「教育と福祉とを結ぶ」とあるのは、個別アプローチとコミュニティ・アプローチが相互に補完しつつ地域の暮らしの豊かさをつくることを展望しているからである。

では、地域の力をどう高めるのか。そもそも地域の力を高めるとはどのようなことをいうのだろうか。それを教育的アプローチとして実践するとは、具体的にどのような活動を展開することなのか。

## 3　コミュニティワークの教育的実践とは

### 教育的アプローチの失敗

わたくしたちの実践的な課題は、地域にある様々なニーズや諸課題を、地域資源と住民自身の参加をとおして解決することに結びつく地域の力をどの

ように高めることができるのか、ということである。

　では、社会教育は、こうした課題にどうこたえることができるだろうか。公民館での趣味の講座がそうした力をもつだろうか。趣味的な講座だけではなく、地域づくりの講座を開催したり、まちづくりに必要な知識や技術を高めるための研修会を開くことも考えられる。ボランティアを養成して、まちづくりの組織をつくることもできるだろう。これらは社会教育の伝統的なアプローチであり、長期的にはソーシャルキャピタルを育むことに結びつく実践ではあるが、同時に、具体的な課題解決という視点から見ればやはり限界がある。

　日本ではコミュニティワークは社会福祉学領域の独壇場であり、地域援助法として理解されているが、イギリスで1960・70年代に専門職として確立しようとする時には、教育サービスの枠内でコミュニティワークをとらえる勢力が優勢だったことが知られている (Thomas 1983a)。したがって、なぜ、教育アプローチをとる人たちが力を失っていったのかを確認することが大切である。

　Thomas (Thomas 1983a: 31) によれば、60・70年代の政治的状況がサッチャー政権の誕生によって80年代に自由主義的改革へと大きく転換するという時代背景とともに、教育的アプローチの方法的限界を次のように指摘する。①教育実践家といわれる人たちは、一つの理念以上の具体的な方法論を提起できなかったこと、つまり、学び、変革するためにコミュニティ活動に参加する人びとを支援する方法論をもちえなかったこと、②コミュニティワークの目標 (process goal) が、個人の発達や政治的な意識の問題、つまり、政治意識の高揚というレトリックにとどまることなどをあげている。

　つまり、実践と学習とを分離して理解するゆえに現実の地域の諸問題を解決できず、社会変革の力も持ちえなかったわけである。こうした危惧は、地域再生をめぐる社会教育の可能性にも存在するのではないだろうか。こうした限界を克服するには、学習論の転換を確認することが不可欠である。これがコミュニティワークの教育的実践を構築する際の出発点となる。

**学習としてのコミュニティワーク**

　本書が提案する〈学習としてのコミュニティワーク〉は、地域づくりにお

いて大きな可能性をもっている。また、一定の地域に責任をもつ社会教育職員が、その地域の well-being を高めるという意味での〈福祉コミュニティ〉づくりに参加するなかで、その実践の質を転換する契機をもつものとしても構想できる。

　第1に、実践者に求められる価値や倫理性が明確化するということである。わたくしが現状では「社会教育職員は専門職ではない」と指摘するのは、資格の社会性の欠如、自律的な専門家集団の不在ということと、この専門職として求められる価値・倫理への自覚がないという点である。少し乱暴にいうと、学習者中心主義はあるが、これしかない。この点は、社会教育職員の実践の場を、公民館等の施設のなかにのみみる実践論・学習論に原因がある、とわたくしは考える。

　これに対して、コミュニティワーカーには、一般に以下の価値が求められる（イギリスのコミュニティワーカーに求められる National Occupational Standards である）。

　　1. 社会正義　social justice
　　2. 自己決定　self-determination
　　3. 労働と学習の統一　working and learning together
　　4. 持続可能な地域社会　sustainable communities
　　5. 参加　participation
　　6. 省察的実践　reflective practice

　社会教育職員が地域づくりに参加するとき、必然的に、こうした実践の価値を意識化することが求められるのではないだろうか。それが翻って、普段の教育実践のなかでも重要な価値・倫理として自覚化される。後にみるように、コミュニティワーカーに求められる価値・倫理は、社会教育職員に求められる価値・倫理でもある。

　第2に、イギリスの教育実践家たちが失敗した点、すなわち固有の方法を具体化するということである。一般に、コミュニティワークの具体的な実施方法には、①問題の把握（地域ニーズのアセスメント）、②問題解決のための組織化と計画化（組織づくりと計画づくり）、③問題解決のための活動・事業の実

施、④活動・事業の評価の4つのフェーズがある。ところが、社会福祉のコミュニティワーク論では、このアセスメント、組織化と計画化などを担うのは、社会福祉の専門職者たちに固有の知識・技術となる。それはS. Arnstein（Arnstein 1969）のいうtherapyないしmanipulationの段階にとどまる参加にほかならない。住民の主体的参加のもとで、どのようにこれらの諸階梯をすすめることができるのか、参画型の計画と評価について、その具体的な技法が明らかにされねばならない。

この点は、日本の公民館職員の専門性調査からも指摘できる課題である。第6章で考察するように、公民館職員は地域に根ざした講座を企画するとき、コミュニティワーカーとしての実践を展開している。例えば、「資源の発見・開発」、「資源の動員」、「資源のネットワーク化」などの技法を使いつつ実践をつくる。しかし、こうした専門性が自覚化されずに実践が行われている。したがって、職員の研修においてもこうした教授内容は存在しない。だからこそ、公民館職員にとっても、コミュニティワークの実践の具体的な手法を明らかにすることは重要な研究課題となる。

〈学習としてのコミュニティワーク〉というのは、コミュニティワークとしての課題の共通性をもちながらも、それをすすめるにあたって教育アプローチをとるということである。そこで大切なことは、あくまで主体は住民にあるということ、住民の参加と学びを実践のなかでつくりあげるということである。

## 本書の課題

これまで、社会福祉領域のコミュニティワーク研究を批判的に検討しつつ、教育的アプローチの基本的視点と研究の課題を明らかにしてきた。それは地域住民の主体的な参加と、この社会的活動への参加をとおして、人びとをエンパワーメントするなかですすめられる必要がある。くり返せば、「地域の暮らしをよりよいものにするために、地域の課題を明らかにし、協同の力でその解決を図る活動をつくり、参加すること。つまり、参加は地域レベルでのガバナンス論と接合しなければならない」。大切なことは、地域づく

りを自治的にどう実現するのかという課題である。この実践を支えるコミュニティワークの技法を具体的に示さねばならない。

　以下、本書で論ずべき具体的な課題を示しておこう。

　第1に、コミュニティワークの教育的アプローチとは、地域づくりのために講座や研修会を多用するということではない。親密圏のなかでの対話をとおして意識高揚をはかることでもない。では、教育的アプローチとはどのような実践をすることなのか。これを理解するには、学習論の転換を理解する必要がある。まず、実践コミュニティへの参加としての学習論を確認する。それは、実践の教育論的基礎を提供するものである。

　第2に、コミュニティワークの教育的アプローチは、福祉ニーズをもつ人びとに対して狭義の福祉コミュニティをつくることが目的ではない。福祉コミュニティの機能主義的理解を批判的に検討しつつ、めざすべき福祉コミュニティ像を示す必要がある。その実現のためには、住民の主体的な参加がもっとも重要であることが明らかとなる。

　第3に、社会福祉の議論では、おもに専門職としてのコミュニティワーカーが活動の主体となり、具体的な手法も、彼らに必要な技法として解説されている。例えば、地域福祉計画を主導するものとして専門職が想定されている。これに対して、教育的アプローチでは住民が主体となる。したがって、専門的職員がどのような介入すべきなのかという点だけでなく、それにもまして住民自身の計画リテラシーをどのように育むのか、という視点からの技法の具体化が重要な課題となる。そのために必要なのが、市民参画型の計画と評価の技法である。行政職員や専門職員だけでなく、市民セクターの組織や住民自身が主体的、かつ意欲的に参画するなかでつくられる実践、それをどう支援するのかがわたくしたちの実践の課題になる。

　くり返しいおう。問われるのは、包摂的な地域社会をどうつくるのか、ということである。「それは、わたくしたちが、排除された彼・彼女たちをいかに受容・包摂するのかという課題である。地域のなかでともにどう暮らしていくのか、社会的に排除されてきた人たちを包摂する地域社会をどうつくるのか。包摂的な社会をどうつくるのか、ということがわたくしたちに鋭く問われている」。めざされるべきは、地域住民の主体的な参加と自治の主体

としての成長である。そうであるならば、理念だけではなく、その技法を具体的に示さなければならない。それが本書の課題である。

# 第1章　学びの場としての地域活動

**はじめに**

　この章では、学ぶとは何か、どのような意味をもつのか、学ぶということが社会をつくることとどう関係しているのか、ということを論じたい。

　わたくしの研究テーマの一つは、NPOにおける学習である。これまでNPOについていくつかの論考・著書を公刊してきた（高橋2003, 高橋2006, 高橋2009）。ところが、最初は、セクターとしてのNPOだけを論じて、学習にまでたどりつけなかった。実態としてみると、NPOは市民を対象としてさまざまな講座や講演会などを活動の一環として提供している。また、メンバーの力量を高めるために内部の研修会や学習会などをもっていることは明らかである。一方、NPO職員、メンバーの学びとして、例えば、ミーティングが重要な役割を果たしていることも実践家からよく聞いてきた。しかし、それを、どう理論的に説明するのかということがわからないうちに数年がたっていた。それを考えながら、NPOの学習論をまとめたのが、『NPOの公共性と生涯学習のガバナンス』（東信堂2009年）である。

　学ぶということは、市民がさまざまな社会的活動をすることとどう関係するのだろうか。もう少し率直にいうと、市民活動と結びつくような学びをいかにつくるのか。この本をベースにして、これまで論じてきたことを紹介する。したがって、以下は、市民の地域活動への参加をめぐる学習論ということになる。ここで学習論というのは、①学ぶということはどのような意味か、という本質論と、②どのように学ぶのか、という過程論の２つの面からの説明である。

## 1　社会学級——市民活動のインキュベーター

**生涯学習をめぐる動向への危惧**

　最近の自治体における生涯学習行政の施策の方向について、少々懸念している状況がある。例えば、少子高齢化のなかで、それを支える地域をいかにつくるのかが大切であり、社会教育は、その地域づくりの拠点としての役割を果たさなければならない。また、生涯学習という考え方の中で、行政の役割を見直す必要がある、とくに、行政が関わる事業というのは公共性がなければならない。こうした点からいうと、公民館の趣味的な講座を行政が実施したり、支援する必要があるだろうか。このような議論である。

　こうした認識があるからこそ、公民館ではなくて、市民センターがいいとか、コミュニティセンターなどへと名称が変わり、首長部局に所管が変えられつつある。こうした制度的な改編だけではなくて、講座内容も、健康福祉局やまちづくり推進課などとの共催による、ある意味ではねらいのはっきりした、すぐに役に立つ講座が重視され、そこに重点がシフトしてきている。このことは、予算が厳しいなかで財政部局に事業の必要性を説明しやすいという面があるのだと思うが、この結果、学習機会から多様性と豊かさが失われ、単調で貧しい、市民からみると魅力の乏しいものになってしまうことが危惧される。

　楽しみとしての学習が大切ではないかとわたくしは思う。それは地域における社会関係の大切さという意味からである。例えば、地域社会の諸問題を解決する際に、地域の持っている人びととの関係が大切だといわれる。これがソーシャルキャピタル（social capital）、つまり社会関係資本といわれるものである。この概念については、後に詳しく論じるが、アメリカの著名な政治学者のパットナムは"Bowling Alone"、つまり、『一人でボーリングを』という本を書いて、ボーリングや趣味のサークルが少なくなったことが、ソーシャルキャピタルを掘り崩し、アメリカの草の根民主主義の危機をもたらしていると論じている。なぜなら、これらのグループが活発に活動しているということ、趣味のサークルがたくさんあることが、人びとの参加と結びつきをつくり、そこで育まれる対話と信頼こそが民主主義の基礎であり、市民活動の

基盤にほかならないと考えるからである。

　にもかかわらず、近視眼的な事業評価で趣味や文化的な学びの機会を排除し、結果として、地域における豊かな生活をつくりだす基盤を掘り崩し、市民活動の「苗床」をつぶしてしまうのではないか、こういう危惧をいだかざるをえない。

**市民活動のインキュベーター**
　楽しみとしての学習が市民活動に結びつくという関係をみる具体的な例を紹介しよう。
　仙台市には社会学級・社会学級研究会という市民の学習組織がある。社会学級といっても知らない人が多いのではなかろうか。1949年の社会教育法ができてまもなく、学校開放の一環としてはじまり、全国的に広がった時期がある。学校の教室を学びの場として、その学校のPTA、学区民の方たちがグループをつくり、自主運営で講座や学習会をもつ。いまでは、ほとんどの自治体では消滅しているが、仙台市では、この学級の運営を中心に担っている方たちで組織されている社会学級研究会だけで、およそ20人のコア・メンバーをもっており、かつ、この学級で学んでいる人たちは3000人を越える数になる。もちろん、教育行政からの支援もあり、校長先生が社会学級主事となって活動を支え、各行政区をブロックにして全市的な運営が行われている。
　表1-1は、ある小学校の社会学級の学習内容だが、市民活動とむすびつくような内容があるだろうか。内容に斬新さが見られるだろうか。行政の公共性という考え方からして、地域づくりと結びつくような事業だと感じられるだろうか。
　ところが、数年前、仙台市の市民活動団体を学生とともに調査したときに、男女共同参画の活動をしている組織、高齢者の給食サービスや居場所のサービスを提供するNPO、子育て支援のセンターを受託しているNPO、子ども・親子劇場など、活動をしている女性たちの経歴を調べていくと、この社会学級につきあたる。詳しく調べると、多くの女性たちがこの学級で学び始め、やがて、より実践的な社会活動をはじめる、という道筋をたどっていること

がわかってきた。行政が熱い視線を注ぐNPO支援センターは、市民活動を育てるインキュベーター、つまり、〈孵化器〉の役割を果たすことが期待されているが、そうした役割を果たしたという話を聞くことは稀である。ところが、学習内容から見ると、一見、趣味的な学びをしているだけかに思える学級が、仙台市の市民活動を支える〈孵化器〉になっている。

なぜ、この学級が市民活動の〈孵化器〉の役割を果たすことにつながっていくのだろうか。

表1-1　社会学級の学習プログラム例

平成20年度の活動（学級生137名）

| | |
|---|---|
| 開講式・講話 食育講座 | 「野菜・果物でおいしい生活」(地域開放講座)<br>※食品偽造や残農薬などの事件が相次いだ時期で、食の安全に関心をもつ学級生が多かったので、野菜ソムリエの先生にご講話をしていただきました。 |
| 第1回講座 | 趣味講座「布ぞうり」<br>※エコでリサイクルできる布ぞうりをタオル地と木綿生地の二通りの作り方で教えていただきました。 |
| 第2回講座 | 環境講座「ごみの減量とリサイクル」<br>※10月から開始される『仙台市のゴミの有料化』をひかえて、家庭で取り組めるゴミの減量・リサイクル・環境への影響などについて学びました。 |
| 第3回講座 | 健康講座「チアダンス」(地域開放講座)<br>※普段体験することのできないチアダンスを地域の方々もお誘いして行いました。 |
| 第4回講座 | 施設見学「裁判所見学と裁判員制度について」<br>※平成21年5月から導入される裁判員制度について、実際に使われる法廷を見学しながら、裁判所の方にご説明していただきました。 |
| 第5回講座 | 趣味講座「とんぼ玉」<br>※ガラス棒の溶かし具合で異なるとんぼ玉は、世界に一つだけの手作りの作品になりました。また、学校の理科室をお借りしたので、子どもたちが体験する理科の実験のようでした。 |
| 第6回講座 | 食育講座「白石ううめん作り」<br>※宮城デスティネーションキャンペーンで話題になった白石ううめんを自分たちで作り持ち帰った生麺はどこの家庭でも好評でした。また、宮城の食の特産品である「ううめん」の由来や麺類についての学習をしてきました。 |
| 閉講式 | コンサート「アイリッシュハープ」<br>※宮城県在住のアイリッシュハープ奏者の方にアイルランドについてのお話をしていただきながら、コンサートを開催しました。 |

http://syakaigakkyuu.web.fc2.com/ を参照してください。

**映画「モナリザ・スマイル」のこと**

その秘密は、次のような例のなかにもある。たまたま「モナリザ・スマイル」という映画をみた。ジュリア・ロバーツが主役で、舞台となったのは1950年代なかばのウェルズリー大学である。アメリカ東部の名門女子大学で、あ

のヒラリー・クリントンの母校でもある。このヒラリー・クリントンの自伝から着想をえて映画化されたといわれる映画である。

　美術教師のジュリア・ロバーツ扮するキャサリン・ワトソンが、夢であった名門ウェルズリー大学へ赴任するところから物語ははじまる。ところが、アメリカのもっとも有能な女性たちを集めた名門大学は、同時に、当時、全米一保守的な大学でもあった。学生たちは、在学中に伴侶をみつけて、学生結婚をして、家庭に入り良き妻になることを夢見ている。結婚した夫が良い仕事をし、自分は出世を支える〈内助の功〉を発揮すること、そのためにどう上司を接待するのかを学ぶというのが女性の生き方であった。例えば、ある優秀な女子大生が推薦されてイエール大学の法科大学院に合格するが、やはり結婚して結局家庭に入ることを選択する。1950年代まで、アメリカでさえ、女子大生たちはまだそのような、〈女性らしさ〉の規範のもとで生き、そして学んでいた。それが彼女たちの当り前の生活展望であった。

　そんな学生たちの生き方を見て、キャサリンは絵画の講義をとおして彼女たちの意識を変えていく。わたくしが面白いと思ったのは、その教育方法の対比である。大学の保守的な授業の方法は、絵を見て、その絵画の名前がわかること、絵画の技法を説明できること、つまり、いろいろなことを知っていることを重視するものであった。伝統的な教育法である。この点で、学生たちは実に優秀であり、「知らない」ことを前提としたキャサリンの授業は散々の結果となってしまう。

　その後、キャサリンがとった、女子学生たちを変える教育とはどのようなものだっただろうか。それは、女性のエンパワーメントと結びつく教育をどのようにすすめるのかという課題でもある。キャサリンは、女性に対する差別の実態を彼女の視点から告発したのだろうか。人びとの平等や人権に関する法律や考え方についての講義を行ったのだろうか。いずれも違っている。

　問題は、学習内容、つまり、何を学ぶのかということではなくて、いかに学ぶのかということに〈秘密〉がある。彼女がとった教育方法は、実際に映画をみてもらうのがいいだろう。以下、その教育方法を支える学習論を考えたい。

## 2　知識を覚える——手段としての学び

### 手段としての学び

　学校教育は学習論からみるとき、どのような特徴をもつだろうか。

　その前に、社会教育についての理解度を確かめてみたい。問題は5つある。○か、×で答えて欲しい。

　① 社会教育法ができたのは、1949年である。
　② いわゆる「生涯学習振興法」は、法体系上、「教育基本法」をうけた法である。
　③ 社会教育主事は、社会教育を行う者に専門的技術的な助言と指導を与える。ただし、お金を与えてはならない。
　④ 社会教育委員の数は、どの自治体でも15人と決まっている。
　⑤ 公民館には、公民館運営審議会を置かねばならない。

　どのくらい正解だっただろうか。何をバカなことをやっているのだ、と思ったのではないか。そう、バカなことである。しかし、これは、子どもたちが毎日学校でやっていることでもある。

　「バカなこと」というとき、わたくしたちが念頭においているのは、おそらく、こういうことだろう。「どうせ、そんなの覚えたって試験にでるわけじゃないし、仕事にも、何の役にも立たないのに」、ということ。学ぶ意味は分からないけど、試験でいい成績をとれば、いい大学に行くことができる。いい会社に入ることができる。だから、面白みもなく、無駄だとわかっても一生懸命勉強してきたわけである。それは〈手段としての学び〉という性格をもつ。

　子どもたちが学びから逃走しているということは、〈手段としての学び〉によって動機づけることができない状況が生まれていることでもある。これを別の角度からみると、このような教育では、子どもたちは学ぶということの意味がつかめない。つまり、伝統的な学校教育の学びの方法の限界があらわれているということでもある。では、学校における学びの方法とは、どのように特徴づけられるのだろうか。

### 〈偽の問い〉と〈真なる問い〉

　この学校教育の特徴を象徴的に示している絵を見つけたことがある。そこには次のような様子が描かれてある。子どもたちが教室に座っている。その生徒の頭からコードがつながっていて、それが機械にまで伸びている。先生と思われる人がその機械のなかに次々と本を投げ入れていれている様子である。おそらく、本の内容や知識がコードをとおして生徒たちの頭に蓄積されるということを示しているのだろう。学校とは、子どもたちにとって新しい知識を覚える空間だということをこの絵は示している。それを効率的に教える方法が教授法といわれるものである。

　教育哲学者のジョン・デューイ（Dewey 1916=1997, Dewey 1938=2004）は、こうした伝統的な教育、そして、現代まで続く教育の方法を批判しているが、それは、少し極端に表現すると、学校教育は嘘を教えている。嘘を使う教え方をしている、という。それはどのような方法だろうか。

　少し単純化して説明しよう。例えば、時計の見方は小学校の1年生で学ぶ。先生は、時計の見方を教えた後、教室の時計を見て、あるいは教材の時計を示して、「いま、何時ですか」と聞く。そうすると、生徒はどう答えるだろうか。例えば、「3時です」というように答えるとしよう。これに対して、普段の生活ではどうだろうか。「いま、何時ですか」と聞く。すると、「3時です」と答える。ここまでに使われる言葉は全く同じだが、両者は異なる意味をもつ。どこが、何が違うのだろうか。この違いは、第3番目のフレーズを考えるとはっきりする。

　　A：いま、何時ですか。
　　B：3時です。
　　A：○○○○○○。

　学校での会話の場合、次のAは何と答えるだろうか。「はいそうです。よくできました」くらいであろう。では、普段の生活の場合にはどうだろうか。いろいろ考えられるが、「ありがとうございます」となる。まちがっても「はいよくできました」とは言わない。どうして、こうした違いが出てくるのだろうか。

何が違うのか。簡単にいえば、文脈が異なる。質問の性格が異なるのである。実際の生活での疑問とは、本当に知らない。だから質問をし、それを知ることができたから「ありがとう」となる。これを〈真なる問い〉という。それに対して、学校での問いはどうだろうか。先生が質問するとき、この先生は答えをすでに知っている。知っていながら、知らないふりをして生徒に問いかけるのである。つまり、〈偽の問い〉である。また、知っているからこそ、その答えを「評価」することができるのである。

学校における評価というのはテストのときだけではなくて、つねに〈発問〉→〈応答〉→〈評価〉という形で繰り返され、そして「知識」として定着させていく。これが教授法である。しかも、発問するのは子どもではなくて、いつも先生だから、生徒の主体性が入る余地はなく、知る喜びも感じることができないのである。幼稚園の頃の子どもたちが顔を輝かせて、「これ何」、「これどうして」という場合、顔を輝かせるのは、新しいことを知る喜びがあるからではないか。ところが、子どもたちにとって、学校とは、毎日の授業の過程をとおして、つねに評価され、序列づけられる世界に転換してしまっている。

しかも、競争というのは、逆転可能だから加熱するのだが、すでにレースの結果がみえているとすれば、だれが努力をしようと考えるだろうか。これが、現代の日本の教育で問題となっている学力の二極化としてあらわれているものである。

## 3　ともに社会をつくる学び

### 〈真なる問い〉をめぐる学び

では、こうした従来の教育方法にかわる、新しい教育方法とはどのようなものか。おそらくこうだろう。デューイに従えば、「偽」の質問ではなくて、〈真なる問い〉を考える必要がある、ということになるだろう。パウロ・フレイレ（フレイレ 1979）の表現でいえば、従来の教育方法は〈銀行貯蓄型の教育〉であり、それは人びとが無知であるということを前提とする教育、人びとを抑圧する教育であり、それに代わられるべきは〈課題提起型の教育〉という

ものである。表現こそ異なるが、社会生活と結びついた課題をともに考えるというなかで教育をすすめるということを主張する。

これは、解答がだされたときに、「ありがとう」といわれるような学びといってもよい。だから、やる気、学ぶ意欲がでる。社会教育で、行政の任務として、「実際生活に即する文化的教養を高め得るような環境醸成」とされていることの意味は深いといえよう。こう考えるとすれば、わたくしたちは、どのような学びを展開するべきだろうか。

たとえば、次のような課題がある。これは実際に使われている課題である。

> とつぜん、世界中の電話が使えなくなってしまいました。電話をかけようとしても、ちがうところにつながってしまいます。こうなると、世界はどうなってしまうのでしょうか。一人で／友だちと2人で／班で、物語を考え、作文を書くか、あるいは発表しましょう。

ここでは、どんなことを狙いにし、教育方法としていかなる工夫をしているだろうか。わたくしなりに考えると、まず第1に、ただ一つの正解が前もってあるわけではない。架空の〈問い〉であるが、〈真なる問い〉といえよう。第2に、子どもたちが学ぶうえで重視されていることとして、〈考える〉こと、〈まとめる〉こと、そして、それを〈表現する〉ことを狙いにしていることがわかる。だから国語の教科書なのである。第3に大切な点は、「一人で」だけではなくて、「友だちと2人で／班で」解決する方法を考えるというように、ともに解決をめざして協同する仕掛けがあるということ。それも、合意をつくるのはある意味でむつかしい社会的技術が必要であるために、段階的に議論をすすめるように工夫されている。こうして、互いの作文を批判的に検討したり、論理的に議論したりする姿勢を促す学習が仕組まれているところが大切な点である。

学びのなかに協同性をつくるということに注目したい。この点は、実は大切なことである。なぜなら、学校でおこなわれる普段の講義型の授業を想定するとわかるように、30人学級であっても、60人学級であっても、伝統的な教授法では人をつなげることはできない。極端なことをいうと、1,000人の子どもたちがいようと、基本的には、教師と生徒の一対一の関係のなかで

行われるのが学校の学びである。つまり、20人だから少人数だとか、1,000人だからマスプロだと考えがちだが、その関係は少しも変わらない。学校教育の基本は、この意味で個体主義的教育としてとらえられる。これに対して、この設問では、質問の性格が〈真なる問い〉に転換しているだけではなく、人びとを結びつけ、協同しつつ、ともに学ぶという関係がつくられるということが大切な点である。

**社会構成主義の教育法**

　こうした教育方法がとられている国はどこか。フィンランドである。フィンランドは、経済協力開発機構（OECD）が実施する学習到達度調査（PISA）のテストで2回連続1位となり、日本の教育界が注目している国の一つである。日本は参加した国のなかで14位だから、だいぶ水をあけられている。つまり、ここでは、知識を覚えるということ、その速さや正確さをもって学力の優劣をつけるというような学びではなくて、社会のなかに存在するさまざまな課題を解決しようという意志と、解決を図る集団的能力を育むことを重視している。ユネスコの学習権宣言で、個人的であるとともに、集団的力量を高めるというのは、こうした教育方法を想定している。

　知識を頭に詰め込むわけでもなく、たった一つの正解があるわけでもないが、こうした学習をとおして、その結果、学力もついている。こうした教育方法を支える理論が活動理論といい、この教育方法を社会構成主義的方法と呼ぶ。従来の見方では、知識とは客観的に、科学的に確証されたものであり、学ぶとは、その知識を覚えることとしてとらえられてきた。ところが、社会構成主義の立場からみると、知識とは社会的につくられるものと理解される。このように、知識を協同でつくる力をつけることが、学ぶということの意味なのである。

　この教育方法は、別の言葉でいえば、〈社会で生きる力〉〈社会力〉をつけるための教育といってもよい。考えてみると、私たちの普段の生活では、答えのすでにあることを学ぶということもあるが、通常はいまだ答えのない問いを追究することが意味を持つ。例えば、会社で新しい商品を開発する。どのような商品がヒットして売れるのか、それを前もって知ることができるだ

ろうか。みんなでまちづくりの計画をたてる。だれにとっても望ましい、ただ一つの答えがあれば苦労はないだろうが、そんなことは可能だろうか。どんな権威のある学者が集まってつくろうと、望ましいまちの姿は多様であり、ときには意見が対立することもある。だけれども、議論を重ねながらおおよその合意をつくりあげる。人びとが、そうした実践に参加することを学びとする学習論である。

## 4 〈学びほぐす〉ということ

**アンラーン (unlearn) とは何か**

では、市民活動と結びつくような大人の学びはどのようにつくることができるだろうか。簡単に言うと、社会生活で生じる実際の課題と結びつけてそれを使うということが大切な点である。この学びの方法をアンラーンという。

アンラーンとは、どのような意味だろうか。少し考えると、unlearned というのは無学とか、無知という意味であるから、「学ばないこと」という意味だと考えるのが普通である。あるいは、辞書で調べると、「学んだことを忘れる」、「癖や誤りを念頭から取り去る」という意味がでてくる。だから学校で学んだことを社会にひとたびでたら忘れて新しいことを学びつづけるということを意味しそうである。経営学でもアンラーンという言葉を使うが、そのときに、これまでの成功経験を忘れて、新たな挑戦をつづけることという意味をもつのが、それである。

しかし、これは、〈忘れること〉、〈学ばないこと〉のすすめではない。数年前の朝日新聞に鶴見俊輔という著名な評論家がこういうことを書いている。彼が、戦前アメリカに留学したときに、たまたまヘレン・ケラーと図書館で遭遇した。彼が大学生であることを知ると、次のように言ったという。

> 私は大学でたくさんのことを学んだが、そのあとたくさんアンラーンしなければならなかった。

学び(learn)、後にアンラーンする。その意味について、鶴見は次のようにいっている。「『アンラーン』という言葉は初めて聞いたが、意味はすぐわかった。

型どおりにセーターを編み、そのあと、ほどいて元の毛糸に戻して自分の身体に合わせて編みなおすという情景が想像された」といっている。「ほどいて元の毛糸に戻して自分の身体に合わせて編みなおす」、この意味が少し想像できるだろうか。

　この言葉に、鶴見は〈学びほぐす〉という訳をあてている。つまり、〈学びほぐす〉というのは、学校で学ぶことを単純に机上の理想とか、現実の社会では役に立たないということで捨て去る、ということを意味しない。大学で学ぶこと、学んだことは大切である。しかし、それを知識として覚えただけでは役に立たない。それを〈学びほぐす〉ことによってはじめて自分の血となり肉となるのだということを直感的に理解したのである。

　これまでの教育理論は、学校で学んだことは後に社会にでて働く時に、あるいは生活するときに、そのまま利用できるということを想定していた。むつかしくいうと、これを〈転移〉という。学校の特権的地位、特殊な教育方法が許されてきたのは、やがて実際の社会生活のなかで学んだことが生かされる、ということが想定されていたからにほかならない。ところが、知識はそう容易く転移させて使うことはできないということがわかってきた。インターンシップや実習が重視されているのは、いろいろな状況のなかで実際に使う必要があるからである。実際の社会のなかで使う。使うということは、別の言葉でいえば、社会の現実と理論とを照らし合わせて〈学びほぐす〉ということなのである。

　ちなみに、〈ほぐす〉というのは漢字では理解の〈解〉である。つまり、〈解す〉ということだから、まさに、〈理解する〉〈納得する〉という意味でもある。学校教育が〈覚えること〉を重視するとすれば、社会における学びでは知識を学びほぐして〈理解する〉ことが大切となる。すぐわかるように、〈覚えたこと〉はやがて忘れるが、〈理解したこと〉は、より深い理解にいたることがあっても、捨て去られることはないはずであろう。

**実際生活をとおして〈学びほぐす〉**

　では、〈学びほぐす〉とはどういうことなのか。少し具体例をあげて考えてみたい。

例えば、次の文章は中学校の教科書の一文であるが、わたくしたちは中学校で民主主義を次のように学んできた。

> 政治を行うしくみは、いろいろあります。かつては、一人の指導者がすべてを決定するやり方もありました。その一方で、みんなで話し合い、決定するというやり方があります。これが民主主義です。……このように、民主主義では、国民が政治の主役ですから、政治に積極的に参加することが求められているのです。

これで民主主義は覚えたことになる。学校では民主主義は知識として〈覚える〉ものとなる。ところが、卑近な例を挙げれば、選挙のたびに投票率の低下が民主主義の危機として問題となるが、わたくしが知っている投票所、もっともよく覚えたはずの大学生と公務員が住民のほとんどいう投票所では投票率が20％を超えることはほとんどない状況がつづいている。私たちは学校で民主主義を学ぶ、ラーンするが、学びほぐすこと、アンラーンしていないのである。

では、どう〈学びほぐす〉のか。次の一文は、育児休業を取得した男性のエッセイである。少々長くなるが、社会活動をすることが〈学びほぐす〉ことであるということをよく示しているので紹介したい。

> 学童保育の状況を調べた今までの結果をまとめ、空白区が一目で分かる地図を作製し、その必要性をワープロで清書し、説明用資料を整える。そのうえで選挙区の市議会議員全員に面会を申し込み、たいして長くもない夏休みをつぶして、5人の議員と一人の秘書と面談、残りの一人には電話をする。このほか、小学校の校長先生、お寺の住職さん、民生委員、市の担当部署の職員。手分けして足を運び、話を聞いてもらう。
> やったことは会社の企画職の仕事に似ている。調査して、企画を立てて、資料を作り、関連部門にプレゼンテーションして回り、目標実現の方策を探り出す。この活動に最後まで関わった父親は私だけだったが、この種の仕事に適任のお父さんが、他に居たのではないかと今でもよく思う。父親が持つ力の数％でも地域社会に回し、子供たちの環境を整えるのに使えばいいのにとも、思う。

市会議員や関係者に片端から面会するという方法は、しんどかったが収穫はあった。選挙公報だけではよく見えない、各議員の立場や得意分野、考え方、政治手法の違い、行政への影響力が実によく分かってくる。会社と家庭の仕事に追われて、考えてこなかった地方行政と政治の一端が、がぜん面白く見えるのだ。面会が一巡したところで、議会に陳情する方向にねらいを定めて、署名活動を始め、夏の終わりにそれを提出した。「数は重要でない。他府県の友人の名前まで借りて水増ししても何の意味もない」という議員さんの助言に従い、地域の身の回りで集めた。そして、市議会の民生委員会での審議までこぎつけたのだ（『朝日新聞』家庭面）。

　これは男性が育児休業をとったから記事になったわけだが、記事にされることもなく、しかし、次の世代の子どもたちのために女性たちは実践を積み重ねてきた。この40年にもわたる力が1998年の学童保育をめぐる公的制度化に結びついていくわけである。このように身近な生活をめぐる社会的活動をとおして、新しい福祉制度はつくられてきた。
　既述のように、これまでの学校教育の目的が知識を〈覚える〉ということだとすれば、学習者同士の協同の実践のなかでつくられる経験、学びのなかで、彼らは何を学ぶのだろうか。この記述にみられる範囲で確認しよう。まず、協同の行為をするなかで〈表現力〉、〈プレゼンテーション力〉〈コミュニケーション力〉が鍛えられる。また、協同しつつ行動するなかで、わたくしたちは他のメンバーの方たちの〈ものの見方〉・〈考え方〉にふれて、暗黙のうちにそれを自分の〈見方〉と照らし合わせながら、修正し、そしてつくりあげていくことになる。〈興味や関心〉も同様である。よく、興味関心がない。だから市民は学習に参加しないのだ、というようなことを聞くが、この学習論からすれば、知識を社会的につくるプロセスが学ぶということであるだけでなく、この関心・興味も活動のなかで「がぜん面白くなる」というように、社会的につくられると考える。
　さらにいえば、わたくしたちは協同の活動をとおして知識を〈学びほぐし〉理解するだけではなく、メンバーたち同士の信頼や共感、組織への愛着を深めながら、かつ、彼・彼女たち自身をつくる、つまり、彼・彼女たちのアイデンティティそのものをつくるということが大切な点である。

アマルティア・センが、「エージェンシーとは、新たな価値を形成しつつ、公共的決定に参加するだけではなく、自由な社会的空間をつくりだすことによって、主体性を発揮する人、行為主体としての意思と能力をもつ人」(A. セン＝大石リラ訳、2002) をいう、と述べているが、〈学びほぐす〉ことをとおして、意欲と能力を身につけたエージェンシーがつくられていくのである。

## 5　創発的協同の学びをつくる

### インフォーマル・エデュケーションへの注目

　実際に、地域活動に参加するなかで、そのメンバーとの相互作用のなかでわたくしたちは学んでいる。NPOでいえば、市民に対する学習会や講座、メンバーたちに対する研修会は、いうまでもなくノンフォーマル・エデュケーションである。でも、「これだけではない」、とすれば、それは何だろうか。わたくしたちは、意図的ではないが、実践コミュニティのメンバーたち相互の関係をとおしてたくさんのことを学んでいるのである。つまり、日常的経験や生活のなかで、知識、技術、態度、ものの見方や考え方を学ぶということであるが、それは体系的教育ではなく、無意図的な教育機能である。それがインフォーマル・エデュケーションという側面である。NPOの教育力を明らかにする際に、わたくしたちは、このインフォーマル教育に注目しなければならない。

　このインフォーマル教育がなぜ大切なのか。例えば、〈労働の場の学習〉(workplace learning)の研究によれば(Livingstone 2001, 2004)、わたくしたちが仕事に必要な知識や技能を研修などノンフォーマル教育として学んでいることは確かだが、それは30％ほどにすぎない。残りの70％はインフォーマル教育により獲得しているということを明らかにしている。つまり、労働者は、集合教育ではなく、同僚、先輩から、そしてお客などとの相互関係のなかで学んでいる。にもかかわらず、いままでは30％だけをとりあげて、もっとも大切な領域を無視してきたのではないか。あるいは、職員の専門性を高めるために有効に活用してこなかったという認識が示されている。

　ただし、「無意図的な」ものだとしても、このインフォーマルな関係をわ

たくしたちが意図的にコントロールしえるということ、つまり、職員の教育的な働きかけによって変えうるからこそ意味がある。市民活動などの実践と結びつく学びがメンバーたちの相互作用のなかでつくられるとすれば、わたくしたちの課題は、どのような人びとの関係をつくるように働きかけるのかということにおかれる。

メンバーたちの生産的な関係、わたくしのいう創発的な関係をいかにつくるのか、というところに問題はある。そのポイント、基本的な考え方だけを確認しておこう。

**創発的協同の条件**

社会教育の領域に限らず、地域福祉でも、環境保護でも、まちづくりでも、行政の施策をすすめる際に、ネットワークだとか、連携、コラボレーションなどが大切であるといわれる。それぞれの概念の定義も曖昧だが、いずれにしても、個人と個人、組織と組織の協同の取り組みが大切であるということへの強調は、もはや〈神話〉というほかない。ここで〈神話〉というのは、何だかわからないが、大切だと闇雲に信じているという意味である。つまり、言葉だけが独り歩きしていて、協同で行うと、一人ひとり別々に学んだり、行動するよりも生産的であったり、より望ましい質をもたらすはずだということを暗黙のうちに期待しつつ議論をしているということである。

ところが、「あんなやつと一緒にやらなければもっとうまくできたのに」とか、「あ～あ、しんどいだけで成果がなかった」というようなことはよくあることも確かである。すぐわかることだが、複数の人間が協同で行うより、一人ひとり、別々に行う方がより効率的であり、より生産的であるということはまれではない（マルクスのいう単純協業である）。そこからいえることは、どのような条件、どのような人びととの関係があるとき、それが望ましい質を実現できるのか、学習であれば、より深い理解をえることができるのか、そのために職員はどのような役割を果たすべきなのか、という諸点を明らかにすべきだということである。

生産性を上げるとか、質を高めるということで、まず考えられるのは、〈競争〉という手法が考えられる。ときに、〈競争〉をとおして〈切磋琢磨する〉

という表現も使う。しかし、〈競争〉というのは、「勝敗、優劣を競いあう」ということを意味しており、当然、だれかが目標を達成するとき、ほかのものは達成できないということを前提とする関係である。順位を付け、人を切り捨てるときに使う手法に他ならない。これに対して、〈切磋琢磨〉とは、磨き合って、ともに向上することであり、まさに〈協同の関係〉なのだということは理解しておきたい。

ここでは、一人で行為するよりも、より生産的な相互関係を〈創発的な協同関係〉と呼ぶが、認知科学の研究では、その条件として3つの点が指摘されている。その条件は簡単である。第1に、局所的な正誤判断をすることがむつかしい課題であること。つまり、正誤判断がすぐできるということは、まえもって一つの「正解」があるということであるから、先の話の「偽」の質問をめぐる協同だということを意味する。したがって、求められるのは、ここでも〈真なる問い〉を追求するということである。

第2に、協同行為に参加したすべての人たちにとって、その活動で何が行われているのか、すべてのプロセスが見えるということ。むつかしくいうと、解法のプロセスが透明であること。例えば、通常、協同行為というのは、課題の設定、目標の合意、行動計画の策定、実行、その評価という諸階梯をたどるが、その諸段階のなかでの議論や議論の結果についてみんなが理解していること。したがって、ヒエラルヒーの強い組織では決定されたことを上意下達で伝えるわけだから、当然、創発的な協同とはなりえない。

第3は、その協同行為のプロセスの質にかかわるものである。職員として考えれば、相互関係の開放性と多様性をどのように確保するのかということである。これは社会教育では講座や教室の運営論として技術的にも絶えず問われてきたもの、社会教育の技術論に根拠を与えるものである。


**協同をつくる職員の役割**

では、改めて、どのような視点から職員は働きかけるべきなのか、考えてみよう。これも簡単である。①問題が解かれる状況がだれにとっても見えるようにすること。②自由闊達な意見の交換が行われるようにすること、そして、③異なる視点からの意見が表明されること、つまり、批判や反論が提示

されることなどである。別の言葉でいえば、アクセスできること、コミットすること、そして、認知的葛藤があること、その3つである。その意見に触発されて議論の質が転換することであり、これを個人に即してみると、認知葛藤が生じるということによって、自らの考え方を省察するということと結びついていく。

　かつて私は、『月刊社会教育』(2009年4月号) に「公民館実践分析の視点」という論文を書いた。そこでは、すぐれた実践を職員の技術や能力とか、やる気など、個人の問題に還元する従来のとらえ方を批判し、その意味では、創発的な協同をつくることのできる制度、職場体制をつくることがより大切だということを主張してきた。まずは、組織のマネージメントが大切であると。そして、これは施設のガバナンス論と結びつく課題でもある。では、制度だけがあればいいかというと、もちろん、そうではない。実践の質も問題となる。それが社会教育の技術論と結びつく課題である。ここでは協同活動を支援する職員の動きとして考えてみたい。

　これを「まちづくりのワークショップ」を例にして考えてみると、次のような点が、職員として働きかける際に留意すべき点である。

　まず、第1に、アクセスである。会議のつどグループでどのように話をすすめてきたのか、話し合ったこと、その成果などをみんなの前でプレゼンテーションしてもらう。実践を評価し合うということも大事であろう。例えば、「ファシリテーション・グラフィックス」という手法があるが、それは、このアクセスという面で大切な技法ということになる。なぜ、こうした技法を使うのか、理解しつつ使いたい技術である。

　第2に、コミットメントである。自由闊達な意見交換をどのように促進するのか。「自分の意見をはっきりいえる」「他のメンバーの方の声に耳を傾ける」ことは基本であろう。そうはいっても、最初は硬い雰囲気になりがちとなる。意見をだす人も偏りがちとなる。学習におけるパワーの問題がある。これを変えるのはなかなか大変である。前の人に影響を受けて、「だれだれさんと同じです」、とならないようにするために、どう介入するか。「納得するまでは、安易に意見を変えない」というルールを確認しておくのも一つの方法である。もっと技術的によくつかわれる技法としては、例えば、ポスト

イットがある。協同といっても、活動を調整したり、意見をまとめるといったことはむつかしく、より深い社会的技術が求められる。こんなとき、先のフィンランドの例では、最初はひとり、次に2人で、班でというように段階的に議論をすすめる方法をとっていた。

　第3に、認知的葛藤の誘発ということである。会議のなかでは、どうしても議論の論点が集中しがちとなる。まず、メンバーを構成する時に、できるだけ異質なもので構成する、つまり、多様性のあるようなグループをつくる、ということが大切になる。また、むつかしいのは、一つの立場からの意見の交換になってしまい、なかなか議論が広がらない。そんなとき、ファシリテーターは、異なる視点から問題をみることができるのだというヒントを示すことが求められる。反対意見を想定してみるということを促してもよいかもしれない。

　これが参画型学習といわれる学びの技術論のなかで、ファシリテーターとしての職員に求められる考え方や動きである。大切なのは、何のためにこうした介入が必要なのかを理解することにある。ワークショップのような参画型の学習方法は、「とても楽しかった」とか、「自分を表現できてよかった」と学習者にとって満足度の高い方法である。これまで「いやしのワークショップ」と批判したりもしてきた。ワークショップは、あくまで学習方法であって、それ自体が目的ではない。「楽しい」ことも大切だが、それだけでは「遊び」と一緒。大切なのは、その活動をとおして、社会への参画をより深めることである。職員の役割とは、要は、そうした創発的な関係をつくるために、適切なタイミングと、適切な方法で、その相互作用の関係に介入することにある。ポイントは、その3つをどうつくるのかという点にある。

　こうした専門性を高めるためにどうするのか。わたくしたちは、看護師、保健師、ソーシャルワーカーなど、対人援助職・者の専門性の形成過程に関する実証的研究をすすめているが、要は、〈学びほぐす〉ということが大切な点である。それは集合教育だけではなく、それこそ自分たちより熟練を重ねた先輩などがメンターとなる相互作用のなかで、あるいは、ケース検討会などで実践を省察するなかで熟練の技として習得される。と同時に、専門職・者のアイデンティティがつくられる。

## おわりに

　さて、最初の問いに戻ることにしよう。仙台市の社会学級が、なぜ、市民活動の〈孵化器〉になっているのか。それは、市民活動と直接結びつくような市民活動の意義や手法を学んだからではない。先の民主主義の例でいえば、「みんなで話し合って、決定する」という自主的な活動をとおして〈学びほぐす〉ことをしているからにほかならない。小学校での学級数は130学級あまり、中心的な運営会員だけで20人になる。学級生は3000人を越える数になる。その会を自主的に運営している。そのことによって、表現し、話し合い、まとめる技術、活動の意欲や関心、責任と意味を学んできたからにほかならない。つまり、アンラーンにおいては学ぶことと活動することが分かちがたく結びついているのである。

　余談だが、仙台市でも市民自主企画講座というものが企画されている。市民が自ら講座を企画・運営する、それはすばらしいことではある。ただし、問題は、市民がつくる講座が斬新であるとか、市民のニーズを反映しているというような側面だけではなくて、そのつくるプロセスが協同による探求の過程であることが大切な点である。

　最後に、学ぶことについて触れた文の一節を読んで終わりたい。これだけ読むと抽象的でさっぱり分からない、と感じる方もいたかもしれないが、この言葉を支える学習論の説明をこれまでしてきたわけである。

　これらの人びとが協同の関係をつくることによって、それらの諸要素がつなぎ合わされ、社会的諸条件に応じて加工され、実践をつうじて検証されながら、社会性をもつ知識として構成されることになる。市民活動という場で、私たちは活動をとおしてこうした実践知をつくりだし、だけれども、それを鵜呑みにすることなく、一人ひとりが「実践のなかで省察」しつつわがものとする。市民活動の場で行われる、このようなプロセス、これを私たちは「学び」と呼びたい。

# 第2章　対話と参加でつくる〈福祉のまち〉

### はじめに

〈福祉のまち〉は、地域福祉の領域でめざされるべき実践の課題である。ここでは社会教育の立場から〈福祉のまち〉とは何か、それを教育的実践をとおしていかに実現するのか、という課題を論じたい。

ここで3つの点を論じる。第1に、〈まちづくり〉というとき、目指すべき〈まち〉とは、どのようなものなのか。これを〈幸福〉ということと関連させて論じる。第2に、それは〈福祉のまち〉とどう関係しているのか。ここでは〈福祉のまち〉をつくるには、〈福祉〉の理解を広げることが必要だということを主張することになろう。第3に、その〈福祉のまち〉をどうつくるのか、職員がどのように働きかけるのか、その実践の視点を明らかにしたい。

## 1　〈幸せな暮らし〉とは何か

### 〈最小不幸社会〉をつくる

まちづくりを考える際に、まず問題となるのは、まちづくりの「目標」ということになろう。これは「まち」というレベルだけではなく、自治体レベルでも、国レベルでも、わたくしたちが、どのような暮らしをしたいのかということを考えるときに必ず問題となる。

かつて菅直人氏が総理就任にあたっての政治の目標として「最小不幸社会の実現」ということを掲げた。人びとが不幸になる原因はさまざまだが、その原因を政治の力、つまり「権力」で取り除けるものは取り除き、不幸を最小化するというわけである。歴代の首相としては珍しい宣言ではないだろうか。通常は、「経済成長よもう一度」、ということで大胆な金融緩和を主張したり、もう少し積極的な夢を語るのが常である。その意味では、閉塞した時

代性を象徴している政治的宣言である。彼は、「経済的発展を第一に目指します」とは述べなかった。「最小の不幸」ではなくて、「すべての国民の幸福をめざす」とも述べなかった。それはなぜなのか、少し考えてみたい。

**経済的な豊かさと〈幸福〉**

　菅首相の発言がなぜ珍しかったというと、これまで日本は国の目標として経済的な発展、成長をめざしつづけてきた。歴代の首相も経済成長を政治目標に掲げつづけてきた。そこでは、〈経済成長〉→〈豊かさ〉→〈幸せ〉という関係が想定されていたわけである。その結果、GNP（国民総生産）の総額は、現在世界3位になり、中国に抜かれたといえども、その意味では、めざましい成果をあげてきたといえるだろう。世界銀行によると、国民一人当たりの総所得でも、世界9位に位置している。ところが、どれだけの人たちが、自分が、自分たち日本人が幸福であると言い切れるだろうか。

　ここからわかることは、経済的な〈豊かさ〉は、わたくしたちの〈幸せ〉に直結しないということ、それどころか、これらの変数は全く逆の関係にあるといってもいいかもしれないということである。それはなぜなのか。

　一つには、富は偏在するということである。単純な事実であるが、国の富はわたくしの富ではない。世界人口の2％の者が世界の富の過半数を所有している一方で、最底辺から半数以上までの人口の人たちの所有する富はわずかに1％に満たないという不平等がある。

　より大切なのは、GNPの意味である。かつて、アメリカの有力な大統領候補であったロバート・ケネディ氏 (J.F.ケネディの弟) は、暗殺される前の演説で次のようなことを話したという。「アメリカは世界一のGNPを誇っている。でも、そのGNPのなかには、たばこや酒や薬、離婚や交通事故や犯罪や環境汚染にかかわる一切がふくまれている」。「戦争で使われるナパーム弾も、核弾頭も、警察の装甲車もライフルもナイフも」GNPの要素となると。次に、ケネディは、勘定されないものをあげていく。「子どもの健康、教育の質の高さ、遊びの楽しさはGNPには含まれない。詩の美しさも、市民の知恵も、勇気も、誠実さも、慈悲深さも」、と。そして、かれはこう結論する。「要するにこういうことだ。国の富を測るはずのGNPからは、わたくしたちの

生きがいのすべてがすっぽり抜け落ちている」のだと。

　休日に子どもと近くの公園で楽しく過ごす。庭仕事で雑草を抜いたり、自家製野菜づくりに精を出す。病院や高齢者施設で無償ボランティアの活動をする。こうした生活は経済的な数値には換算されない。要するに、経済的豊かさは、私たちの〈幸せ〉を意味するものではないということである。

### 目標としての〈幸せ〉

　世界のもっとも先進国であるアメリカで、こうした考え方がだされたちょうど1960年代の頃、もっとも遅れた国の一つであったブータン王国の国王が同じような考えをより明確に表明し、そして、それを国づくりの目標としてかかげた。それが、いま世界的に注目されている。

　国づくりをどうすすめるのか、若き国王はいろいろと研究し、検討した結果、「経済発展は南北対立や貧困問題、環境破壊、文化の喪失につながり、必ずしも幸せになるとはかぎらない」。だから、国の進歩や力を〈生産〉ではなく、国民の〈幸福〉で測ろうと。当時21歳の国王は、「GNH（Gross National Hapiness）、つまり、国民総幸福はGNP国民総生産よりも大切である」と宣言し、そのGNHという理念のもとに国づくりを始めている。その目標が①持続可能かつ公正な社会経済的発展、②環境の保全、③伝統的文化の保護と促進、④よい統治、という4つである。

　ブータンは、豊かな森林資源や地下鉱物資源があっても、それを伐採したり、採掘することはできない。でも年率7％くらいの比率で経済的にも発展しつつある。だが、ここでいいたいことは、経済的発展がだめだということではない。経済的な豊かさは、〈幸せ〉を実現する手段であって、あくまで目的ではないということにほかならない。ロバート・ケネディやブータン国王がいいたかったことは、手段と目的とを転倒させるべきではないということである。

### 〈幸せ〉の諸要素

　しかし、菅首相が「最小不幸社会」といって、〈幸福〉を最大にするといわなかったのは、〈幸福感〉というように、意識としては理解できても、それ

は美意識や価値観にかかわる主観的なものであり、それに政治は関わるべきではないということだったようである。これは、それでまっとうな意見ではあるが、もう少し勉強すべきだったのは、世界的には、この幸福指数を客観的にとらえようとする試みがすすめられていることである。その後の研究で、〈幸福〉を支える要素として、次の9つが大切であると言われ、国際比較が行われている（順不同）。

**表2-1　〈幸せ〉の9つの要素**

1. living standard（基本的な生活）
2. cultural diversity（文化の多様性）
3. emotional well being（感情の豊かさ）
4. health（健康）
5. education（教育）
6. time use（時間の使い方）
7. eco-system（自然環境）
8. community vitality（コミュニティの活力）
9. good governance（良い統治）

残念ながら、幸福度指数評価によると、日本は世界90位で、すでに中国よりも低い評価となっている。

もちろん、これらの指標の妥当性や測定可能性について論じたいわけではない。問題は、日常的な言葉でいえば、わたくしたちの豊かな生活を実現するには、多様な側面が支えているという事実である。これを〈まちづくり〉と関連させて具体化させつつ読み込むと、次のようなことがいえるだろう。

① 生活施設・基盤をつくる：文化施設や公園、交通手段等をふくめて生活環境がある程度整備されていることが必要となろう。
② 安心と楽しい暮らしをつくる：人びとの情緒がどのくらい豊かなのか、そのためには、安心して暮らせるということが必要であり、より積極的に、文化的活動や学習活動をしていくことができる条件が大切となる。
③ 住民の自主的な活動・相互援助を推進する：それは時間の使い方ということとも関係する。経済的な活動以外に、どのような時間の使い方をして生活をしているのか。文化・学習活動をとおしていかに社会参加して

いるのか。ボランティア活動はGNPには換算されないが、暮らしを豊かにし、かつ、地域社会の生き生きした活力を生みだしている。
④ 住民の参加をすすめる：「良い統治」とは、住民の要望が自由に出され、それをめぐり対話をかさねながら、まちづくりの方向性を計画するとともに、住民も参加しながら推進していく、ということが課題となる。

　こう考えると、〈幸せ〉の諸要素とは、実は、〈福祉のまちづくり〉にとって大切な内容であることがわかる。豊かな自然だけではなく、生活施設がある程度整備されていること。安心して暮らせる生活があり、より積極的に文化活動などをとおして感情的にも豊かなこと。人びとがいろいろな社会的な活動に参加している、そのなかにはボランティア活動などもある。わたくしたちの住む地域に愛着をもち、このまちづくりに積極的に関心をもって参加する。これこそ〈福祉のまち〉の中心にあるものにほかならない。
　ここでの〈福祉のまち〉を構成する要素には、狭義の社会福祉よりも、より広い要素が含まれる。つまり、それをより広い概念としてとらえないと、実践的にも〈福祉のまちづくり〉は不可能なのではないだろうか。この点について、もう少し説明をつづけたい。

## 2　福祉コミュニティをどうとらえるのか

### 岡村重夫の福祉コミュニティ論

　地域福祉が主流化しようとする頃から、その目標として福祉コミュニティという概念が使われるようになっている。そもそも福祉コミュニティとは何か。〈福祉のまち〉をつくるための実践とどう関係するのか、ということを少し考えたい。
　地域福祉論の研究を主導した岡村重夫の議論（岡村 1974=2009）は、その後の研究者に大きな影響を与えており、岡村理論に遡及せざるをえないだろう。周知のように、岡村の地域福祉論は、牧里毎治（阿部ほか 1986）により機能的アプローチ、より正確には、そのうちの主体的アプローチとして整理されている。
　確かに、岡村は地域福祉の構成要素として、①コミュニティ・ケア、②一般地域組織化と福祉組織化、③予防的地域福祉の3つがあることを指摘し、

このうち②の福祉組織化によってつくられる集団を機能的コミュニティとしてとらえている。岡村（岡村 1974=2009: 69）は次のように述べている。

　　生活上の不利条件をもち、日常生活上の困難を現に持つ、または持つおそれのある個人や家族、さらにはこれらの人びとの利益に同調し、代弁する個人や機関・団体が、共通の福祉関心を中心として特別なコミュニティ集団を形成する。

　まさに、この定義だけをとりあげれば福祉コミュニティとは、要援護者のニーズを満たす機能を果たすべくつくられる機能的コミュニティとして、一般的な地域づくりとは区別して理解しなければならないという。機能的コミュニティではあるが、牧里のいう機能的アプローチという特徴づけは、岡村理論のもっとも大切な側面を捨象する結果となっている。つまり、岡村はいくつかの留意点をあげているところが大切な点ではないだろうか。それは、①コミュニティの中核にはサービスを受ける当事者がすえられること、②機能的コミュニティだが、それは一定の地域的範域のなかで結ばれるネットワークであること、③福祉コミュニティのもっとも重要な機能の一つが、自治にまで至る社会福祉政策に対する住民参加ないしは当事者参加であること、そして④この機能コミュニティが十全に機能するためには地域社会の支えが大切であることを指摘している。したがって、福祉コミュニティは一般コミュニティに対して固有性をもつが、同時に、一般地域組織化との関連の内実が問われるのである[1]。

　とくに、岡村（岡村 1974=2009: 78）が「住民の自己決定ないしは自治自立の要求こそ、コミュニティ形成の出発点であるばかりでなく、この要求の実現を援助することが、コミュニティの開発である」ということを強調している点に注目したい。岡村理論が主体的アプローチといわれるゆえんである。岡村理論に対する機能的アプローチとしての特徴づけは、この意味で適切なものではないといえよう。

**機能主義的福祉コミュニティ論の展開**
　その後、福祉コミュニティをめぐる議論は大きく2つに分化していくこと

になる。一つは、第1章でふれた右田らの自治型地域福祉論であり、もう一つの方向が機能主義的方向への展開である。ここでは、機能的アプローチを徹底してすすめた論として三浦文夫氏、及び全社協の議論をとりあげる。例えば、三浦文夫（三浦 1978）は福祉コミュニティを次のように定義する。

　　要援護者に対する適切な施設やサービスの整備を図ると同時に、地域住民の社会福祉への参加・協力を最大限に高め、要援護者が社会の一員として、当該地域に統合されているコミュニティを意味する。

　社会の福祉的機能要件を満たすサービス＝機能を果たすものとして福祉コミュニティを限定的に理解しており、言葉の文字どおりの意味での機能主義的理解である。瓦井昇（瓦井 2003: 76）によれば、「非貨幣的な福祉ニーズに対処するために、公共的な福祉供給システムにはなじみにくいサービス供給機能を、住民の新しい共同性による支援活動が期待できる」ネットワークの形成である。
　もう一つ、全社協の福祉コミュニティの定義をみてみよう。

　　地域福祉や在宅サービスの推進という目的と関心にもとづいてつくられるネットワーク・共同関係を福祉コミュニティと呼び、福祉コミュニティというのは包括的なものではなく、いくつもの福祉コミュニティが時には重なりあいながら形成され、これを通して、地域社会の福祉的な再編成を図るというのが、福祉コミュニティの考え方である。

　地域というのは福祉のためにあるのだろうか、という疑問は別にして、そこにはいくつかの特徴がある。①当事者はもっぱらサービスの受け手として想定されていること、②住民はサービス提供の担い手としてのみ位置づけられていること、③もはや空間としての地域性から離れたネットワーク、つまりテーマ・コミュニティとして理解されている。
　1960年から70年代にかけて住民参加が決定への参加として語られていたとすれば、1990年代には自由主義的改革により公共的な社会的サービスが市場化されるのと歩調を合わせるようにサービス提供論へと参加をめぐる言説が変容をみせたのと期を一にした議論である。岡村の議論で強調されてい

た参加・参画の視点が欠落していることが特徴的であろう。

むつかしい理論の紹介になったが、これらの検討をふまえて〈福祉のまちづくり〉をどうとらえるのかという考え方を示しておきたい。

### 〈福祉のまち〉と福祉コミュニティ

ここで〈福祉のまち〉と福祉コミュニティとの関係をどう考えるのかというとき大切なのは、岡村(岡村 1974=2009)のいう「一般地域組織化」と「福祉組織化」という両者の関係であろう。狭い機能主義的理解には、2つの問題がある。

第1に、〈福祉コミュニティ〉のとらえ方が狭いということである。社会福祉の領域としての独自性と独立性を強調したいゆえであろうが、障がい者や高齢者などの社会的不利条件を持つ人を対象として、その回復のための福祉行政に関係する活動や要素だけを〈福祉コミュニティ〉に関係するものとして限定しているからである。第2に、彼らの主張では地域にある資源をそのままつなげるという考え方になっている。逆にいえば、この資源の力をどのように高めるのか、という戦略的な視点が弱いように思われる。つまり、住民に対する意識啓発は考えるが、福祉の理論には地域社会にある諸資源のもつ課題解決能力をいかに高めるのか、という実践的な視点が希薄だということである。

高齢者たちや、障がい者たちの立場からいえば、必要なのは不利条件をたんに回復したり、改善したりすることだけではない。スポーツもする、美しい音楽も聴きたいだろう。友だちとも語らいたい。それが生活の豊かさというものである。他方、住民の側からみれば、私たちの役割とはサービスを提供する条件整備をすることを理解したり、それに協力したりするだけなのだろうか。ともに生活者として、より良い生活を求めているはずではないか。ところが、彼らが想定するのは、福祉サービスをめぐる一方的な支援するものと支援を受けるものとの固定した関係である。

このことを、**図2-1**で考えてみよう。左側の大きな丸は地域で暮らしている人たちの生活からでてくるニーズである。そのなかの白く抜いた丸や三角、ハートなどの形が福祉ニーズだとしよう。このニーズに対して、医療機

福祉的ニーズ（白抜き部分）
生活

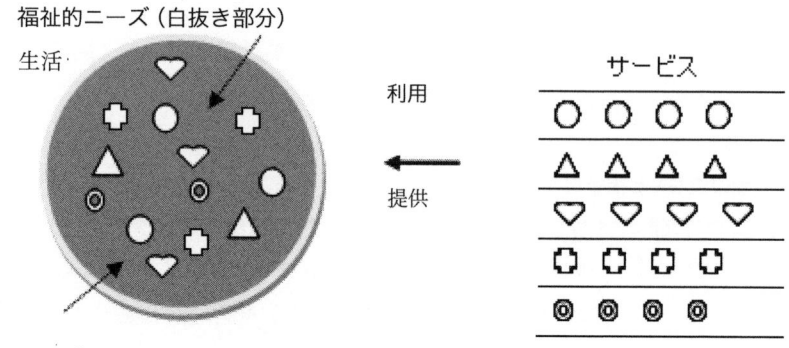

サービス化されていない生活課題

**図2-1　ニーズとサービスとの関係**

出典：松端克文（松端2007）より引用。

関、福祉法人や社協をはじめとしたさまざまな事業者がサービスを提供している。その間に立って、利用者のニーズに応じて必要なサービスの調整をするのが、ケアマネージャーということになる。ここからわかるように、利用者からいえば、個々に細分化され、断片化され、単価設定がなされたうえで、サービスが割り当てられるような形をとる。

しかし、私たちが生活をしていく上で必要なのは、この意味での福祉ニーズだけではない。単価・報酬設定がされていないニーズがある。金銭には換算されないけれども、わたくしたちが安心して生活する、感情的にも豊かな生活を送る上で必要なことがある。わたくしたちは全体としての人間を問題にしなければならないのである。具体的な例をあげてみよう。

■　子どもたちが学校へ行くときに、子どもたちは「おはようございます」と挨拶をする、すれ違う大人たちも子どもたちに声をかける。こうした何気ない日常の生活の心配りが、人びとを結びつけ、そして安心をつくる。
■　公園にいつもごみが散乱している。町内会での公園掃除をきっかけにして、より快適で、美しい公園にしようと、みんなでボランティアで四季の花を植える活動をすすめる。公園では小さな子どもたちが遊び、それを眺めながら、高齢者の方たちが笑顔で談笑している。
■　高齢者の方たちが誘いあって、定期的に集会所に集まって、音楽に合わ

せて軽体操をして、その後、お茶を飲みながら雑談して相互の交流を深める。この数回、だれだれさんが来ないので、帰りによって様子を見てこようと相談がすぐさままとまる。

　これらの活動は、GNPには換算されないが、わたくしたちの暮らしを豊かにし、かつ、地域社会の生き生きした活力を生みだすことになる。色々な形のサービスを提供するのが福祉の専門機関だとすると、この左の丸全体を満たす活動が地域社会のなかでどれだけ多様に展開されているのか、それがわたくしたちの生活の豊かさを決定する重要な要素となるのではないだろうか。

　これを図示すると、図2-2のように描ける。より積極的にwell-beingをめざすのが、ここでいう〈福祉のまち〉であり、制度的な社会福祉（福祉コミュニティを含む）はその中心にはあるが、同時に、その一部である。この全体を含めて〈福祉のまち〉といわなければならない。ここでの〈福祉〉とは、いわばwell-beingであって、行政の領域としての社会福祉（social welfare）より包括的なものとなる。well-beingは、日本語に直すと〈福祉〉と訳されることがあるが、直訳するとすれば、「よくあること」である。つまり、「地域のなかでよりよくあること」という意味で理解されねばならない。

　研究者からすれば、自分の研究領域の独自性が曖昧になるということかもしれないが、大切なことは、私たちの生活をより魅力的なものにすること、より豊かなものにすることではないだろうか。くり返しになるが、豊かな自然だけではなく、生活施設がある程度整備されていること、安心して暮らせる生活があり、より積極的に文化活動などをとおして感情的にも豊かなこと、

**図2-2　〈福祉のまち〉と社会福祉**

出典：高橋作成。

人びとがいろいろな社会的な活動に参加している、そのなかにはボランティア活動などもある。わたくしたちの住む地域に愛着をもち、このまちづくりに積極的に関心をもって、参加する。これこそ〈福祉のまち〉の中心にあるものにほかならない。大切なことは、これが逆に、狭義の福祉サービスの質を高めたり、これを補完する多様なサービスをつくりだすことである。これがソーシャルキャピタルを育むことをとおしてつくられる〈地域の力〉である。

## 3 〈福祉のまち〉をどうつくるのか

　ここで、〈福祉のまち〉をどうつくるのか、別の言葉でいえば、〈福祉の力〉をどう高めることができるのか、ということについて考えたい。ここでもう一度確認したいのは、目標とすべきは、自分たちのまちをよりよいものにするために、自分のまちに愛着と関心を持ち、積極的に活動に参加する姿である。次章以降で具体的な戦略の計画・評価の手法を説明するので、ここでは、第1章と第3章以下とを架橋する意味で、イメージをつかんでいただきたい。

### 参加の意欲はつくられる

　仙台市の鶴ヶ谷地区に高齢者の介護予防の運動教室がある。つるがやリフレッシュ倶楽部というサークルである。平成18年度から全国的な施策としてすすめられたので、全国に同じようなサークルがある。この鶴ヶ谷地区は、仙台市が開発した団地だが、仙台市全体の高齢化率が18％ほどであるのに対して、34％ほどと超高齢社会をすでに迎えている。この対策として、いろいろなプロジェクトが入っている。その一つとして、東北大学の川島隆太教授のチームが脳波測定をして、参加が必要な方たちを被験者として選定し、その後、健康運動教室を立ち上げたが、この経験からいくつかの知見がまとめられている。
　第1に、はじめから、興味や関心を持って参加してくる人はいないということである。興味や関心、参加の意欲は参加のなかでつくられる。この運動をはじめると、高齢者の方たちの運動能力や認知的側面でもはっきりと効果が確かめられている。しかしながら、はじめからこの運動に関心をもち、積

極的に参加する人などそうはいない。

　参加をつくることはむつかしい。「住民の方たちはなかなか参加してくれない。興味や関心がないからな」、という。社会教育でもそうだが、そんなとき「ここは田舎で、うちの住民は遅れているから」といったりする。わたくしたちの教育理論も含め、これまで誤解していたことは、こういうことである。わたくしたちは、「動機があるから、行動がある」、と考える。〈動機〉→〈行動〉、〈原因〉→〈結果〉という関係を想定する。これは自然現象であれば、そのとおりにちがいない。ところが、社会的な行動についていうと、それは、恋愛であれば、〈好き〉だから、〈付き合う〉というようなものである。知り合う前に、好きになっている。それは〈赤い糸で結ばれている〉運命の関係である。通常は、〈付き合っている〉うちに、愛は〈芽生え〉、二人で愛を〈育む〉のではなかろうか。出会いの機会もないのに、好きになるというのはありえない。〈好き〉という感情は、付き合いのなかで育まれる。ボランティア活動であれば、その動機、興味や関心は活動に参加するなかで社会的につくられるのである。

**信頼で結ばれた関係をつくる**

　第2に、参加をつくる上で大切なのは、信頼している人からの勧誘である。先の説明では、そもそも動機がないのになぜ参加するんだろうという問いがすぐさま生じるだろう。「俺はもともと、福祉のために生まれてきたんだ、ボランティアに参加するのは俺の運命だ」という人もいないわけではない。しかし、普通はそうではない。具体的な行動に結びつくには、自分にとって信頼できる人から誘われた、信頼している人が一所懸命やっているので、信頼できる人の情報だから、だからこそ自分も安心して覗いてみようという気になるのではないか。常識的なことばかりを言ってると思うかも知れないが、これがソーシャルキャピタル論と結びつく考え方である。つまり、信頼にもとづく社会関係は、安心して自分を委ね、行動に踏みだすことのできる〈出会いの場〉をつくる力をもっている。

　この信頼にもとづく関係は、わたくしたちにとってどのような意味を持つだろうか。すぐわかるように、安心という情緒的な安定をつくりだす要素と

なり、かつ、いろいろな活動に参加するきっかけをつくる力を持つ。こうして、わたくしたちのライフチャンスを大きく広げる役割を果たす大切な要素である。

### 現実に照らし合わせて学ぶ

　第3に、住民の方たちの福祉意識を高め、参加を図る上で大切なのは、啓発型の事業ではない。要は、実際の社会の問題をとおして学ぶことが大切な点である。それは別の面からいえば、〈真なる問い〉を考えるということにほかならない。具体的にいうと、参加の入り口はできるだけ楽しいものにして、敷居を低くする工夫が必要であるが、ポイントは、〈福祉のまち〉をどうつくるのか、住民の方たちが集まって議論をする、自分の〈感じていること〉、考えたことを〈話すこと〉、ほかの住民の方たちの話に〈耳を傾けること〉、そして、みんなで〈議論すること〉、こうしたプロセスを経験することである。

　ただ一つの正解というものが前もってあるわけではない。だれかが知ってるということでもない。人により意見の違いもある。だけれども、こうした議論のプロセスをとおして、おおよその合意をつくりあげていく。こういう学びのプロセスである。むつかしくいうと、参画型の教育方法であり、なによりも社会構成主義的教育方法といって、社会に参加する力量をつけるときに大切な学びの方法である。

### 市民の自主的な活動をつくる

　第4に、つるがやリフレッシュ倶楽部の人たちは、行政の呼びかけでこの活動を始めたが、行政が撤退し「梯子を外された」と述べている。しかし、自分たちで自主的に運営をするようになって、面白くなったともつけ加える。最初は、「どうして」、と思ったということだが、それがとてもよかったと。

　では、何がよかったのだろうか。行政がすべて用意をしてくれて、ただ参加するだけではなくて自分たちで運営する。そうすると、何よりも、自分たちでいろいろと工夫をして、他の地区や市町村の情報を聞きつけて、新しい活動も開発し、自分たちの住む鶴ヶ谷らしい活動スタイルをつくりあげることができたということである。介護予防の運動のプログラムも多様性をもち、

いろいろな流派があって、元祖と本家争いみたいに多様になっている。今、鶴ヶ谷には8つのグループが活動しているが、それぞれが異なる、特徴ある活動スタイルをつくりあげている。

## おわりに

　鶴ヶ谷でのプロジェクトで「健康まちづくり」の祭りを開催してきた。金曜日の午後と土曜日の一日だったが、約600人の人たちが健康づくりのイベントに参加した。その住民の活動紹介のなかで、リフレッシュ倶楽部は中心となって演技と運営にもかかわってもらった。いまや援助される側ではなくて、まちづくりを支援する立場で高齢者の方たちが輝き始めている。

　わたくしたちが心配したのは、「そんな、自分たちは舞台なんかあがれない」と遠慮することであったが、いまの高齢者は違っている。積極的に出演したいというので、何回かに分けて出演してもらうことになった。また、運営に参加したいといってかかわってもくれている。

　活動に参加する楽しさや喜びは、活動そのものの楽しさであり、共に活動する仲間との語らいの楽しさであり、それを自分たちでつくりあげることの喜びである。それは地域のもっている生活の質の豊かさでもある。地域に住んでいる友だちのことをいつも気にかける、気にかけてもらう。そのような関係のなかに包み込まれている生活は、幼児・子どもだけではなく、若者にとっても、わたくしたち大人にとっても、そして高齢者にとっても〈幸せな暮らし〉の不可欠な条件であり、それがまた、〈福祉のまち〉をつくる大きな力となる。

注
1　ただし、地域福祉論でよく使われる奥田道大のコミュニティの類型論にもとづく議論はあまり生産的な検討とはいえないだろう。なぜなら、①類型論はあくまで理念型であり、やや批判的にいうと、仮想の議論であること、②地域に存在する多様性を考慮に入れることができないこと、③後に説明するように、参画型でキャパシティの評価をすすめることが実践的にも大切だからである。

# 第3章　ソーシャルキャピタルと教育的実践

**はじめに**

　国際的視野からみると、生涯学習政策は各国の教育政策のなかで重要な領域を占めている。国際的競争の激化というなかで求められる科学・技術の発展を支える人材育成のための高等教育のなかでの継続教育だけではなく、貧困に対峙する人間の安全保障の中心的施策として、また、地域の発展や豊かさをつくる施策として、大きな役割が教育に期待されている。

　とくに、地域社会の経済的発展だけではなく、地域社会に暮らす住民のwell-being を高めることをめざすことを端的に示すものとして、これまでのコミュニティ・ディベロップメント（community development、地域社会開発）から、コミュニティ・キャパシティ・ビルディング（community capacity building、地域社会の力を高める、79頁参照）へと概念が転換をしている。その地域社会の力の核となるものが、ソーシャルキャピタルである（高橋 2003）。このソーシャルキャピタルを育む教育の力への期待がある。

　以下、こうした認識を受け、大きく分けて3つの相互に関係した内容について論じたい。①ソーシャルキャピタルとは何か、地域の well-being を高めるうえで、それがなぜ大切なのか。②地域のソーシャルキャピタルを豊かにするためにはどうするのか、その可能性がどこにあるのか。最後に、③社会教育関係職員、ソーシャルワーカーが、この知見を活かす際に、どのようなことに留意すべきなのか、ということを考えてみたい。

## 1　ソーシャルキャピタルとは何か

**ネットワークをたどれば「小さい世界」(small world)**

　中公新書の『わたくしたちはどうつながっているのか』という本で、増田

直紀（増田 2006）はこういう紹介をしている。フジテレビ系で「めざましテレビ」という番組があるが、そこで次のような実験をしたという。アフリカのサントメ・プリンシペ民主共和国という国に住んでいるアドリアーノという人（起点人物）から出発して、何人の知人の紹介で笑福亭鶴瓶さん（目標人物）にたどりつくか、という実験である。スタートのアドリアーノには日本人の知り合いもなく、およそ笑福亭鶴瓶さんなど知りもしない。この国には日本大使館もない。これが条件である。

　いざ、出発してみると、なかなかアフリカから出ることができずに苦戦を強いられたが、やっと南アフリカまで来た。南アフリカは、ワールドカップが開催され、しかも、経済的関係をとおして日本人も1,000人くらい住んでいる。そこで知人のリレーは現地で遠洋漁業関係の仕事をしている日本人へと渡され、やっとアフリカを脱出する。ここまでで距離8、つまり、8人の知人の連鎖をくぐっていた。彼から鹿児島に住む元船員へと日本へ郵送されて、やっと日本にたどりつく。ここから倉敷→加古川→大阪のバー経営者ときてスタートから11人目。次の人は自分の友だちが鶴瓶さんと一緒にいるところを見たという人。ゴールは近い。そして、距離13で大阪ミナミのスナック経営者だ。鶴瓶さんがそこに飲みにくるということで、ついに、やっと、たどりつくという壮大な実験であった。

　おそらくアメリカの社会学者たちの研究から着想をえたものだと考えられるが、それは、「世界中の人間のなかから任意に2人をとりだしたときに、両者を媒介する知人を何人連結すればこの2人はつながるのか」という問題

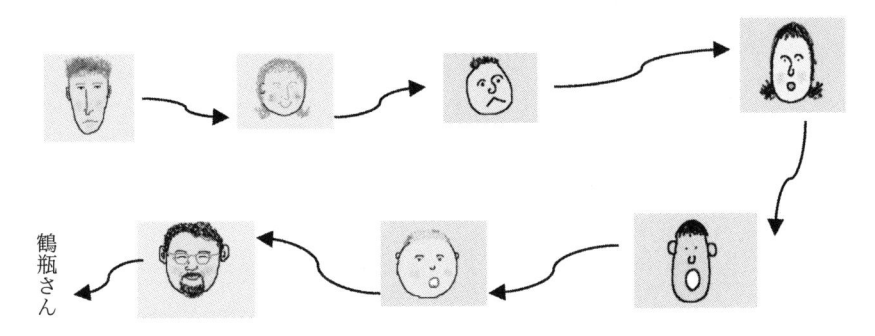

図3-1　〈小さな世界〉の実験

である。MITやハーバード大学の研究者らが、いろいろな独創的な実験を行った結果、多い少ないはあるが、見ず知らずの人であっても、おおよそ平均値で6人くらいをたどると連絡がとれるということが実証されている（野沢 2006: 97-121）。世界のだれに到達するにも、地理的にも文化的にも日本から非常に遠くて、全く知らない人であっても、知人紹介の連鎖は、山を越え、海を渡り、人びとを短い距離で結びつけている。つまり、ディズニーランドのスモールワールドとは異なる意味で世界は小さい。別の面からみれば、「私たちはみな緊密に編みこまれた社会的な織物（a tightly knit social fabric）のなかにしっかりと織り込められているのだということを示している」（野沢 2006）のである。

### 社会関係の創造性への注目

以上は、わたくしたちが、意識するにせよ、意識しないにせよ、多様な契機をとおして人びとと結びついており、その網の目のなかに包み込まれていることを見てきた。では、この人びとの結びつきは、わたくしたちの生活にとってどのような意味をもつのだろうか。

ソーシャルキャピタル論というのは、地域のwell-beingを高めるために、こうした社会関係の創造的な力に注目した概念なのである。その考え方は、ある意味で意外なほど簡単であり、また、それを知らないうちに政策や施策のレベルでも使っていたりもする。しかし、近年の国際的な動向をみると、ユネスコとか、世界銀行とか、OECDなどの国際機関が注目してソーシャルキャピタル測定の指標をつくったり、これにもとづき施策化をすすめており、日本でも政策化を図ろうという動きも見られるようになってきている。

では、なぜ、政策的な視点から、この概念が注目されるのだろうか。それは、実践的に重要な意味をソーシャルキャピタルに認めているからにほかならない。例えば、以下のような諸領域でソーシャルキャピタルの効果が検討されている（内閣府 2003）。

第1に、途上国の開発を支援する、開発援助という課題である。かつては、ODAでダムや道路をつくったり、新しい技術や知識を提供すれば開発がすすむと考えられてきたが、それを受容する国や地域の社会開発という基

盤がなければ有効ではないことが明らかになってきた。したがって、JETROやJICAなどは、日本の生活改善運動の手法が有効だということで、現在の開発援助に活かそうとして研究をすすめてきている。社会的基盤としては、もちろん技術をもった人材も必要であるが、人びとの間に結ばれる社会関係や住民の事業や活動への参加意識が大切であるということが確認されている（佐藤2001）。

　第2に、学校教育では、学校教育に保護者の方が参加したり、地域の人たちがボランティア活動に参加するような試みが広がっている。学社連携・融合や住民たちの学校運営への参加の施策、近年では学校・家庭・地域との連携が法的にも規定されている。

　なぜ、それが必要なのか。政策をつくる文部科学省の役人はあまり知らないでアメリカの学校外活動（out of school time activities）プログラムの真似をしているようだが、なぜこうした実践をするのか。それはほかでもない、保護者や地域の人たちが学校に関心を持ち、いろいろな事業に参加することが、子どもたちの学習意欲に影響を与えて成績が向上する、という効果がみられるからである。それが施策評価の実証的研究で確認されており、だからこそ、参加を求めるのである。このように、人びとの社会的な結びつきは、子どもに対してプラスの効果をもっている。

　第3に、犯罪や問題行動を抑止し、それを低下させる可能性をもつ。これは、非行対策としてはソーシャルボンド理論＝社会的絆理論といって、すでに早くからいわれ、施策としても実施されてきたことである。つまり、慣習的世界の社会的なネットワークに包摂され、いろいろな社会的活動に参加することにより子どもや若者たちは社会との絆を強め、これが問題行動を抑止するという効果をもつ。したがって、教師たちや親への信頼を醸成すること、クラブ活動やボランティア活動に参加することが「健全育成」にとって大切なのである。

　第4に、健康増進などの保健・衛生とも関係する。人びとが家族や親族に包摂されているかどうか、友人関係や知人との親密なつながりをもっているかどうかが、人びとの健康の状況や平均余命と関係する。なぜか。そうした社会関係に包摂されていることが、ストレスを低下させる、あるいは、具

体的な支援やケアの提供と関係していると考えられているからである（近藤 2006、近藤 2008、近藤 2010）。

これらはすべてソーシャルキャピタル論を意識的に施策に活かしている例であるが、一般には、この概念を理論的な基盤としているとは認識されてこなかった。しかしながら、ある社会関係をつくることが、新しい何かを生みだすということ、地域の well-being を高めるということを確認するからこそ、そうした視点から取り組んでいる諸施策である。

**ソーシャルキャピタル──その構成要素**

ソーシャルキャピタルの重要性の認識はトクビルのアメリカ民主主義の観察にまで遡るといわれるが（宮川・大守 2005、Putnam 1994＝パットナム 2001）、この概念をはじめて使ったのは、アメリカの教育学者であるハニファン（Hanifan）といわれる（総理府 2003）。彼は、農村コミュニティの開発によって良好な近隣関係をつくることが学校を成功に導く鍵であるとして、ソーシャルキャピタルを蓄積することを提唱した。

その後、この概念は、長い間、忘れ去られていたが、1980年代から、社会学者のブルデュやコールマンらの議論を経て、社会関係の創造性に注目した研究が次々に出されるようになってきた。なかでも研究史にとってエポックとなったのは、R. パットナム（Putnam, R）というアメリカの著名な政治学者の研究である。彼自身、ソーシャルキャピタルについては、いくつかの定義を示している。彼は（Putnam 1993＝パットナム 2001）次のように定義している。

> 人びとの協調行動を活発にすることによって社会の効率を高めることのできる「信頼」「規範」「ネットワーク」といった社会組織の特徴である。

内閣府（内閣府 2003）は、これを**図3-2**のように表現している。このうち分かりにくいのは、〈互酬性の規範〉だろう。「互酬性」とは何か。簡単にいうと、「お互い様の関係」といってよいと思う。例えば、わたくしたちはデパートやスーパーに行って買い物をするが、商品を買えば、当然、その対価として金を支払う。この関係をとおして、お互いに自分の欲しいものを手に入れ

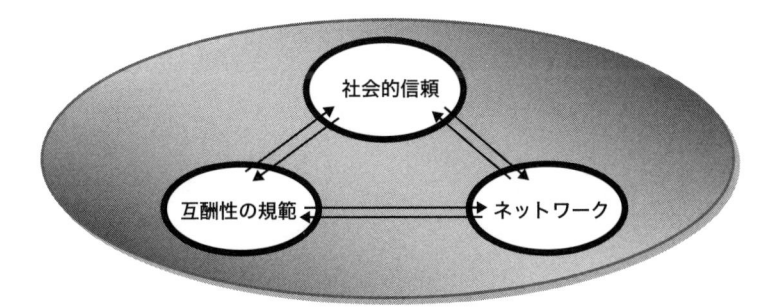

**図3-2　ソーシャルキャピタルの概念図（内閣府版）**

るわけである、かたや商品を、かたや貨幣を。この関係は、自分の利益を高めるように行動するわけだから、利己的な動機にもとづいて行動するわけだが、その結果として、お互いに利益をえる関係である。これを「特殊的互酬性」(specific reciprocity)と呼ぶことができる。市場の関係も、ある意味では「お互い様の関係」である。

　これに対して、もう一つの互酬性を「一般化された互酬性」(generalized reciprocity)という。俗に、「情けは人のためならず」という諺があるが、それは、まさにこの意味である。これは「情けをかけるのは、かえってその人のためにならない」というように誤解されることの多い諺だそうであるが、本当の意味は、人にかけた情けは、めぐりめぐって自分のところに返ってくるということ、「積善の家には必ず余慶あり」ということと同じである。

　これを分析的に書くと、次のようになる。「情けをかける」のは短期的には利他主義によりなされるが、同時に、「人のためならず」というように長期的には利己主義を否定するものではない。現在の寄与が将来的に償われるという相互的な期待によってなりたつ関係であり、自己利害と連帯との一致を特徴としている。パットナムは、この「一般化された互酬性」がソーシャルキャピタルの最も生産的な要素だと指摘する。

　わたくしの見方では、こうした考え方を示すソーシャルキャピタルの説明としては、内閣府の図は正確ではない。**図3-3**のように表現するほうが適切であろう。

　人びととのつながりがある。しかし、ただつながってもダメで、そのつなが

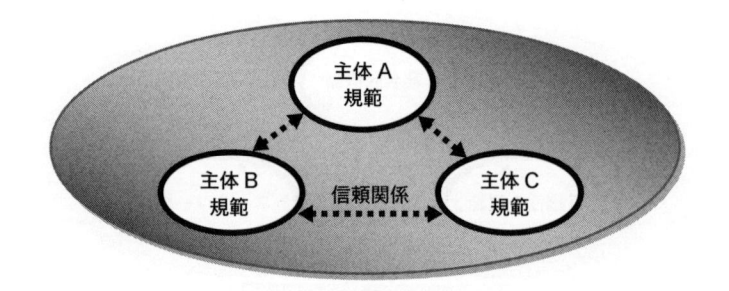

**図3-3 ソーシャルキャピタル概念図（高橋修正版）**

りの性格が、①信頼関係で結ばれていること、②人びとが互酬性、つまり、お互い様だから〈助け合いましょう〉、〈わたくしが支援するよ〉という考えを持って結ばれていること、③そういう人たちが協同の活動をするということである。したがって、次のように表現すべきであろう。

　　お互いに気兼ねなく助け合いましょうという考えを持つ人が、信頼の絆によって結ばれている社会関係の力をソーシャルキャピタルという。

こうした関係が地域に存在することによって、子どもは健やかに育ち、お年寄りも安心して暮らせる条件がつくられる。まちづくりも市民の参加のもとにすすむ。だからこそ、近年では、この概念は経済学、社会学、社会福祉の諸領域など、さまざまな学問領域で研究的にも、施策的にも注目をあつめている。

**ソーシャルキャピタルはなぜ生産的か**
では、そうした社会関係はどのようなプロセスを経ていろいろなものを生みだしていくのだろうか。従来の研究では、この点はあまり明確ではない。一方では、政治的参加や、社会的な活動への参加に関する比率における格差や、政治や社会制度への信頼度の差異を指標としてとらえ、それが健康や学力や社会開発とどう共変するのとかということを見てきた。つまり、独立変数と従属変数との関係だけを見て、具体的なプロセス、例えば、信頼によっ

て結ばれた社会関係がどのように社会の効率に寄与するのか、少年たちの就職に有利に働くのか、地域社会の医療・保健の水準を高めるのか、ということについて十分論じられてこなかった。

わたくしは、これについて以下のように考える。結論的にいうと、次のようなことである。信頼にもとづく社会関係は、わたくしたちが新しい行動に踏み出すきっかけや、その時に、わたくしたちにとって信頼できると思われる情報を与えてくれるからこそ、創造性をもつのである。少しむつかしく表現すると、「社会関係資本は、何らかの信頼に媒介された関係性やコミュニケーションの場であることを通じて、人の行為を生みだす機会・環境として作用する」（平塚2006）ということである。

この点について少し説明をしよう。わたくしたちの教育理論もそうだが、これまで誤解していたことは、こういうことである。例えば、市民たちは、福祉ボランティア活動になかなか参加してくれない。彼らには興味や関心がないからだ。だから、高齢者の支援をするにも、新しいメンバーを見つけることは大変だ、といってきたのではないか。これについて先の章では次のように説明してきた（53頁）。わたくしたちは、ふつう「動機があるから、行動がある」、と考える。〈動機〉→〈行動〉という因果関係を想定するわけである。つまり、〈原因〉があるから〈結果〉が生まれるという関係としてとらえるのが日常的な理解である。

これに対して、構成主義の見方では、興味・関心も社会的につくられるものとして理解されるのである。つまり、明確な興味・関心が少ないとしても、信頼にもとづき結ばれた人びとの勧誘があれば人びとは参加しようと考えるのではないか、と考える。人びとは信頼できる友人や知人を仲介者として公民館での学習会やボランティアなどの活動に参加し、活動のなかで経験される楽しさ、達成感、感動などの情動の変容をとおして、参加の経歴を深めていくわけである。ここで経歴を深めるとは、興味・関心がより強いものとなることであり、他者や自分自身を組織の一員としての視点からとらえるアイデンティティの変容としてとらえられる。これは後述する実践をすすめる視点として大切な点である。

ソーシャルキャピタルは、互酬性の規範を内面化した人びとが、相互に信

頼関係をとおして結ばれた関係であるから、人びとが様々な社会的活動に参加するきっかけをつくりだす力をもっている。したがって、この社会関係は、安心して自分を委ね、行動に踏みだすことのできる〈出会いの場〉となるのである。「人の行為を生みだす機会や環境」（平塚2006）というのは、こういう意味である。

実践への示唆として大切なことは、ソーシャルキャピタルの本質的要素の一つである信頼という感情についても、こうして活動に参加するなかで、協同の活動を経験するなかで、その人の人柄とか、行動をともにするなかで、いわば仲間への信頼として育まれてくるものとして理解しなければならないということである。

では、ソーシャルキャピタルである信頼にもとづく社会的関係＝ネットワークはどこで、いかに形成されるのだろうか。OECD（OECD 2001）は、家族、学校、地域社会、企業、市民社会の5つを源泉としてあげている。しかし、実践的な課題は、ソーシャルキャピタルをいかに育むことができるのか、その実践の視点を理解すること、さらに、どのようなソーシャルキャピタルが地域社会のより豊かな潜在的可能性を拓くことができるのか、ということについて正しく理解することであろう。

次に、こうした協同関係をつくることをとおして、どのようにソーシャルキャピタルが豊かになるのかを考えてみよう。

## 2　角川自然環境学校の取り組み

### 角川地区の協同実践

ここで事例としてとりあげる角川地区は、雪深い山形県最上郡の戸沢村にある。世帯数300、人口1,200人弱であり、1955年以降世帯数にして100世帯、人口も半減している。角川地区は、この戸沢村のなかでも一層雪深く、かつ過疎化のすすんだ地区である。ここでの実践を紹介したDVDがあるが、その様子を記述によって紹介しよう。

春、雪解けの時期を迎える頃、角川地区のお年寄りと若者が、切り倒された木をソリに乗せて運んでいる。昔はどの家にもあった道具であるが、いま

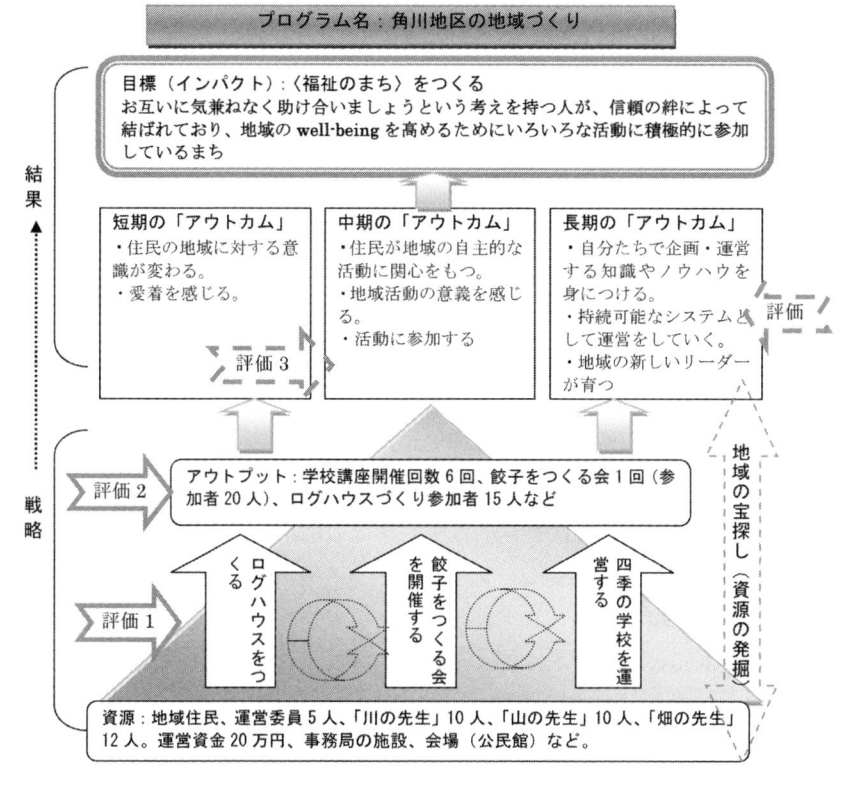

## 第3章　ソーシャルキャピタルと教育的実践　65

**プログラム名：角川地区の地域づくり**

結果

- **目標（インパクト）：〈福祉のまち〉をつくる**
  お互いに気兼ねなく助け合いましょうという考えを持つ人が、信頼の絆によって結ばれており、地域の well-being を高めるためにいろいろな活動に積極的に参加しているまち

- **短期の「アウトカム」**
  ・住民の地域に対する意識が変わる。
  ・愛着を感じる。

- **中期の「アウトカム」**
  ・住民が地域の自主的な活動に関心をもつ。
  ・地域活動の意義を感じる。
  ・活動に参加する。

- **長期の「アウトカム」**
  ・自分たちで企画・運営する知識やノウハウを身につける。
  ・持続可能なシステムとして運営していく。
  ・地域の新しいリーダーが育つ

評価3／評価

戦略

- 評価2　**アウトプット**：学校講座開催回数6回、餃子をつくる会1回（参加者20人）、ログハウスづくり参加者15人など

- 評価1
  - ログハウスをつくる
  - 餃子をつくる会を開催する
  - 四季の学校を運営する

- **資源**：地域住民、運営委員5人、「川の先生」10人、「山の先生」10人、「畑の先生」12人。運営資金20万円、事務局の施設、会場（公民館）など。

地域の宝探し（資源の発掘）

**図3-4　角川地区の実践のロジック・モデル**

ではこのソリを使う機会はほとんどない。春先の日差しに汗をかきながらソリを引っ張っていく。何を目的にして木を運んでいるのかわからないが、若者は、汗をかいて作業をすることは大変だけど、異なる年齢のお年寄りたちとの協同作業にこれまで味わったことのない楽しさを感じている、とインタビューに語っている。

　場面が変わり集会所で餃子つくりをしている。角川の女性たちが中心となっているが、地元の子どもや、地区外から来た若者も参加している。外見的にはわからないが、中国から来た女性たちが中心となって「本場の餃子」のつくり方を教えている場面である。皮の生地からつくり、麺棒のような道具で丸く、薄く伸ばしていく。中国からの花嫁が先生で楽しい作業がつづく。

下ごしらえがおわると、大きな鍋にお湯を沸かして作りたての餃子を投げ入れていく。参加者たちができたての餃子をおいしそうに頬張る。作業も楽しいが、一緒に食べる本場の味は格別である。中国の女性はインタビューに答えて、「この頃、角川が活気づいている、出川さんがきてから角川全体が活気づいているように感じる」と答えている。

　もう一度場面が変わり、小学校の子どもたちの川の自然観察会を地元の住民の先導ですすめている。まず見つけたのは川の土手に無残にも投げ捨てられたテレビなどの電気器具である。心ない大人たちの仕業を見つけてがっかりするが、川で河鹿を見つけて喜びながら観察する。河鹿は清流にしか住むことができないことを子どもたちは学ぶ。角川の自然の豊かさに直接触れ、この自然を守ることの大切さを実感する。ここにも出川さんは、共育支援員として寄り添っている。

　夏を迎える頃、角川地区を見下ろす太平山の山頂付近にログハウスをつくる作業をすすめる一団がいる。地区の男たちが手つきもよく土台をつくり、その上に丸太を組んでログハウスの骨組みをつくりつつある。春先にソリで運び出した丸太はこのログハウスづくりの材料であった。作業の中心は男の力であるが、棟上げの祝いの餅まきのためにお年寄りの女性たちがつきたての餅をもってくる。子どもも交えて棟上げをみんなで祝う。ログハウスをどう使って遊ぶのか、楽しみは尽きない。

**出川さんの支援の技法**

　この全ての活動に寄り添い参加している出川さんは、当時、東北大学大学院の院生であった。わたくしの教え子である。ナレーションでは、「大学院生なのに大学にも行かず、角川地区に住み込んで3年もたつ」ことが紹介される。この地域に住みつき、住民の方たちと一緒になって「作業者」として動いている。上記の活動でも、彼自身は力仕事もできないし、餃子もつくれないし、ログハウスの作業でも傍らに付き添って作業をみつめるだけである。しかし、信頼は絶大だ。どの活動にも参加して住民の活動を見守っているなかでつくられた相互信頼の関係である。

　彼がしている活動は、作業を住民と一緒に考え、計画し、その実施を見守

るだけである。昔ながらのソリを知っている住民を見つけ出し、参加を促す。餃子をつくる中国花嫁の方たちが餃子つくりを教えてくれるように依頼して、その機会をつくる。学校の先生たちと「川の先生」をつなぎ、川の自然観察会をつくっていく。それぞれの活動の主役はいずれも地区の住民たちである。

　しかし、彼が動くと住民が協力してくれる。すぐ察知できるように、そのためには住民からの篤い信頼が不可欠である。3年間の暮らしのなかで、協同の活動に参加するなかで培われた信頼の力である。

**地域の力をつなぐ**

　ここで触れておく必要があるのは、すべてを出川君がつくりあげたことではないということである。コミュニティワークで大切なことは、活動を始めるときその地域でつくられてきた活動の蓄積について正しい知識をもっていることであり、それをできるだけ意識的に利用することである。

　この戸沢村では社会教育課の職員たちの働きかけをとおして、村のなかでいくつかの住民の自主的で、協同的な活動がはじめられていた。例えば、「めだかの学校」がある。休耕田を利用してメダカを飼育し、蛍の住める水田をビオトープとして整備してきた。大人の遊び場であり、学校の子どもたちが自然を観察する機会をつくってきていた。また、別の地区では「乙夜塾」という「おとなの学校」があり、高齢者たちが雪国の伝統文化でもある麦藁細工のために集まり、炭焼きのために本格的な炭焼き小屋までつくっていた。はじめは子どもたちに雪国の伝統文化を教えることが目的であったが、やっていると仲間もいるし、楽しくて子どもそっちのけで大人たちが作業を楽しむ機会となっている。これらが「北の妙創郷大学」をつくりあげてきた。

　仕掛け人の社会教育課長（当時）は、次のように述べている。

　　地域の人を巻き込んでやるのは容易ではないし、一朝一夕にはできない。意識改革やこの人ならばやれるというリーダー的な存在の地域住民に委任をだし、講習会を何回も開いたりなど、内側から基盤をつくるのにずいぶん時間がかかった。そういう基盤の上に、あの里地塾の取り組みがあるんだ。

実際、こうした取り組みが9年間つづけられた。もう一つ大切な点を紹介しよう。

> 何よりも楽しく面白くやっていくことが必要だよ。楽しく面白くやっていけば、そして、そのように行動していけば、自然と予算や助成はついてくるもんだ。

これら活動がすでに点在する状況がつくられていた。これが角川地区で大きく展開するきっかけとなったのが、角川地区の伝統的な暮らし・文化を聴き取り、それを冊子に記録する出川君の働きかけであった。地区の家を一軒一軒訪問し、雪国の暮らし、食べ物や自然の動植物などを紹介してもらい、それをどう活用するのか、聞き取りをした住民一人一人の声として記録し、紹介する活動である。今流にいえば、「宝物さがし」であるが、出川君のユニークさは、これを一人ひとりの知恵としてまとめている点であろう。

この働きかけをとおして村の住民たちは、普段の暮らしのなかで気づきにくい価値を改めて実感することになる。この冊子はすべての地区の家に配布されて広く認識されることになった。この結果、この地域の「宝」をなんとか利用しようということで、活動につながっていく。

**角川地区の実践から学ぶこと**

ここから3つのことを指摘できよう。第1に、コミュニティワークの出発点は、地域が持っている力を正しく評価すること、それを利用することが出発点である。この村では社会教育の職員たちがつくりだしてきた住民の自主的な動きが助走の役割を果たすとともに、次の活動を展開する資源にもなってきた。「宝探し」は効果的な技法になるが、それを受け取る基盤となる地域の力をいかに高めるのかが大切な点であろう。

第2に、学校や子どもと関係する事業をとおして参加の動きがつくられている。学校への親や住民の参加が大切だといわれるようになっているが、学校や子どもをもめぐる実践はエントリーポイントとして重要な接点となる可

能性を持つ。

　第3に、それだけでは住民の意識の改革は広がらない。この事例では、一軒一軒訪問しながら、ヒヤリングをして、それを記録としてまとめる作業、これが丁寧な働きかけとなり、「綿密なネットワーク」をつくる作業となっている。

　出川くんの成功は、コンサルタントのように地域を変えよう、ということを前面に立てた活動ではなくて、遊びの心をもって、しかし、綿密な準備と働きかけをしてきたことが大きいのではないだろうか。これこそコミュニティワーカーの達人に必要な技である。

## 3　ソーシャルキャピタルをつくる

**ソーシャルキャピタルをつくる―コミュニティ・アプローチとは**

　ソーシャルキャピタルを育む実践では、コミュニティ・アプローチをとる必要がある。まず、角川地区の実践のプロセスを一般化して、このアプローチの基本視点を確認することからはじめよう。

　第1に、地域の住民の方々はさまざまな知恵、技術、力をもともともっている。しかしながら、その価値に気づくことはほとんどない。この点に留意する必要がある。だからこそ、豊かな自然のある農山村の住民たちでも、「うちの村にはなにもない、山しかない」、と子どもたちに毎日にように語りかける。子どもたちは毎日のようにそのことを聞かされて育つわけだからこそ、彼らがやがて村をでていくことは、いわゆる「予言の自己成就」というものであろう。こうした認識をかえることが第一歩である。

　第2に、地元の暮らしや環境のすばらしさを認識する際に、よそものの視点が介在することをとおして住民たちは自己認識を転換させることがある。よそ者の働きかけをとおして、住民の方々の意欲や関心が大きく、いわば革命的に変わる。この意欲や関心をいつも大切にして、あとは参加しやすい出番を用意することが重要である。

　第3に、何よりも、わたくしたちが組織者として心しておく必要があるのは、小さなものであっても、やってよかったという経験を積み重ねることである。

その小さな成功体験をつみあげることによって活動は自ずからすすむ。成功体験を共有することをとおして、ソーシャルキャピタルは、まさに資本として自己増殖をはじめることになる。

　第4に、職員の役割とは何か。唯一の仕事とは、人と人を結びつけることである。そのために、こまめに住民を訪ね、情報をあつめて、それをいろいろな機会につなげていく。この意味で、まさにネットワーカーなのである。

　第5に、主役は住民の方々であり、職員たちの仕事はいわば黒子、支援者である。しかしながら、黒子が大切にすべきことは、いつも主役に寄り添いながら、必要があるときに支援の手を伸ばすことができる、ということである、やがて、独り立ちしていくことを展望しながら。

　大切なことは、立派な施設をつくることではない。新しい住民が増えたわけでももちろんない。何よりも、住民の方々の意識、認識が変容したということである。そのことによって、もともともっていた力が発揮される、そうした機会に次々に参加する、その輪が広がっていくという循環をつくることである。人びとが生き生きとしてくることをとおして、地域も活気がでてきて、その魅力に魅かれて村の外からも人びとが集まってくるようになる。コミュニティ・アプローチをとった実践的働きかけをとおして、こうした人びとの社会的関係がつくられていく。

### ソーシャルキャピタルの二類型——〈結合型〉と〈橋渡し型〉

　ところで、この実践をとおして見ると、2つの異なる性格をもつソーシャルキャピタルがあることを確認しておくことが大切である。例えば、農山村地域では家族と近隣の関係に包み込まれることをとおして、人びとは安定と安心のなかで暮らしているといえよう。この血縁と地縁という同質性によって結ばれた関係はわたくしたちの暮らしにとって重要な要素であるが、しかしながら、新しい活動を生み出すことはむつかしい。これに対して、共通の趣味であるとか、共通の目標によってむすばれた社会的活動のネットワークがある。その協同行動に取り組んだ経験の蓄積と成功体験の積み重ねによって信頼は育まれる。

　周知のように、パットナムは、前者を〈結合型〉(bonding) のソーシャルキャ

類型Ⅰ：地縁組織のネットワーク　　　類型Ⅱ：市民活動のネットワーク

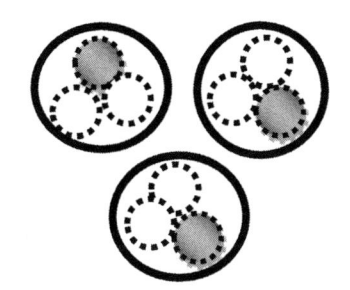

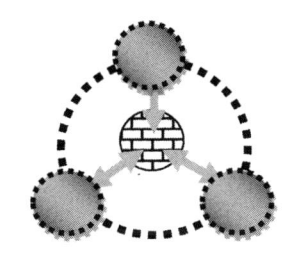

図3-5　ソーシャルキャピタルの二類型

ピタルといい、後者を〈橋渡し型〉(bridging)と分類している (Putnam 1994=パットナム 2001、佐藤 2001、総理府 2003)。それぞれ、次のような特徴があるといわれている。つまり、〈結合型ネットワーク〉は比較的同質な人びとにより構成されるので「内部指向」であり、それは安心を生み出すのであるが、血縁や地縁を持たない人を排除したり、ときには個人の自由であるとか、考え方を拘束・規制してしまうことがある。そうした負の側面がある。これに対して、〈橋渡し型〉は市民活動における結びつきをイメージすることができるように、多様な人から構成されており、血縁や地縁ではなくて子育て支援であるとか、男女共同参画であるとか、高齢者の生活支援であるとか、文化サークルのように共通の目的のために集まり結びついた人たちの関係である。その結びつきは、より弱く、より薄いといえるが、人びとを横に結びつける働きをする。(**図3-5**)

　重要なことは、それらのどちらか一方が大切であり、他方がそれではないということではなく、それぞれの性格の違いを正しく理解し、その二つの性格をもつ社会関係の豊かな蓄積のある地域社会をつくる意識的な努力をすすめることである。

**ソーシャルキャピタルの創発的展開**
　ここでもう一つ、ネットワークが、どのようなプロセスをとりながら展開しているのかということを理念型的に整理してみよう。例えば、次のような

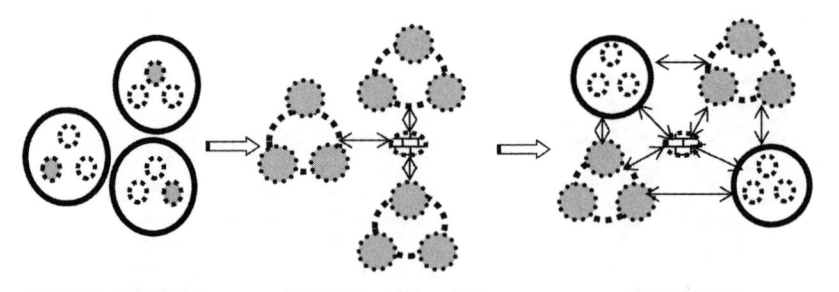

結合型：内部志向　　橋渡し型：開放・水平　　　　　創発的関係

図3-6　ソーシャルキャピタルの創発的展開

展開が想定される。

　まず、第1段階は、地縁と血縁で結ばれた人びとの社会的関係、〈結合型〉の豊かなネットワークの存在である。何もないけれども、静かで、安心な暮らしを送る農山村を考えて間違いない。結合型のソーシャルキャピタルである。職員たちは、一人ひとりの住民を訪問し、対話を重ねる。そのことは、結果として地域で暮らす知恵や豊かな自然の意味を自覚させる働きかけをしたことになる。つまり、地域社会に存在しながらも、潜在してきた社会的資源を顕在化させるフェーズである。

　第2段階は、こうして潜在化していた資源を掘り起こし、それらを結びつけて一つの社会的活動として組織化する段階である。それは、新しい活動を担う橋渡し型のネットワークをつくることである。ところが、単発的な事業であったり、これで地域が活性化したという実感をもつことはむつかしい。まだ、活動は点にすぎない段階である。これがさらに波及するには、もう一段階の質的な転換が必要となる。

　第3段階になると、地域外からの参加者も加わって、新たな活動が生まれ、かつ活動がより大きくなる。より大切なことは、例えば、活動の社会的ネットワークのなかに結合型のソーシャルキャピタルが加わる、例えば、都会からの農村体験合宿にやってくる人たちに宿舎を提供するなど、地域の人びとに活動が広がることをとおして、結合型と橋渡し型のネットワークが相乗効果を発揮するようになる。これによって、真の意味で地域が活性化した

ととらえられる変化となる。さらに、行政、学校、自治会などとの協同ができるようになると、創発的な協同関係がつくられるようになってくる（佐藤2001）。(**図3-6参照**)

## 4　ソーシャルキャピタルをどう活かすのか

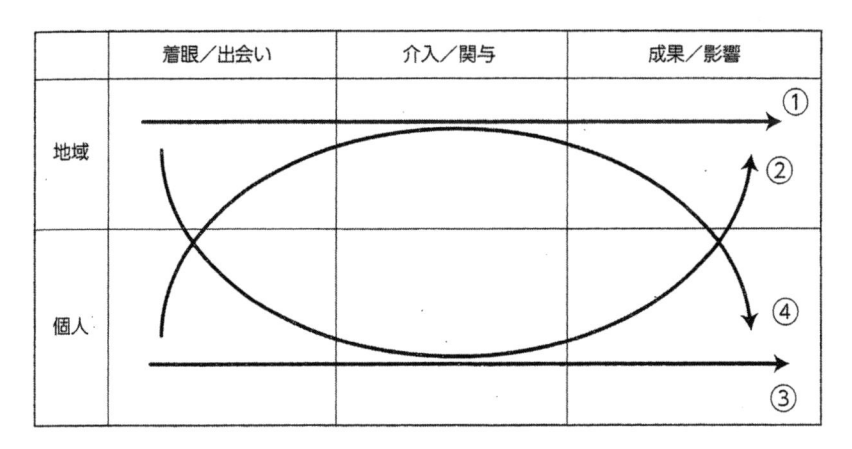

**ケースワークとソーシャルキャピタルの関係**

　以上のようなソーシャルキャピタルについての知見を社会教育関係職員やソーシャルワーカーたちの活動にどう活かすのかということを考えよう。まず、その前に、ケースワークとソーシャルキャピタル論との理論的な関連を整理することが必要となる。この点については、**図3-7**を参考に説明しよう。

　「着眼／出会い」、「介入／関与」、「成果／影響」という3つのフェーズと、「地域」と「個人」というタテ軸を組み合わせると、以下のように整理できる。

　わたくしたち社会教育や地域づくりの活動は、地域社会の well-being を高めるために、おもにプログラムの展開をとおして地域社会の資源を探り出し、それらを結びつけながら豊かなものにする活動をする（①）。しかしながら、そのためには、参加している住民たちのエンパワーメントが必要となるので、地域開発に関心をもちつつ技術やノウハウを移転するための研修会なども行

図3-7　ケースワークとソーシャルキャピタル

出典：二木立ほか 2008 より引用。

うなど、参加する人びとの力量を高める働きかけをしていく（②）。これに対して、ソーシャルワーカーたちは、地域に暮らす高齢者の方たちの介護をめぐるニーズを発見し、この個人に対して個別に関与し、支援やケア・サービスを提供するだろう（③）。しかし、個々のクライアントの問題を地域社会の特性や地域社会の資源を使いながら解決しようとするとき、地域社会の家族や地域集団などの資源を活用するということも必要となる（④）。

　ここで大切なことは、福祉の仕事が主に、個々のクライアントの生活支援であるのに対して、地域社会の開発に関心をもつ領域・活動・人材が地域社会のなかには必ず存在するということである。医療や福祉が個別アプローチをとるのに対して、社会教育、地域づくり、環境保護や防災活動などは、先に述べたようなコミュニティ・アプローチをとる。したがって、ソーシャルキャピタルの利用を考える上での問題は、どちらもやるということではなくてよい。職員たちが、こうした活動や活動をしている人たちとネットワークを結ぶ、より積極的には、コラボレーションをつくることが求められる実践である。

### ソーシャルキャピタルの〈強さ〉と〈弱さ〉をつかむ

　こうしたソーシャルキャピタルをどう使うのかということを考えたい。
　その際に大切なのは、まず、２つの類型のソーシャルキャピタルの性格、その強みと弱みを正しく理解することである。〈結合型〉のソーシャルキャピタルがつくりだす安心は地域の福祉の大切な要素である。しかし、このネットワークに入れる人は、その人の帰属によって制限されること、やや強く言うと、排除的な性格をもつことを理解しておく必要がある。これに対して、〈橋渡し型〉は開放的なネットワークであり、地域の福祉にとって必要な活動を創造する力をもっている。しかし、それは選択的であったり、偏在することが多いことも事実である。大切なことは、それぞれの利点をいかに活かしながら、創発的関係をどうつくるのかということが実践的な課題となろう。

### ソーシャルキャピタルの〈中心〉をつかむ

　第２に、ネットワークの中心をつかむということである。私たちがネット

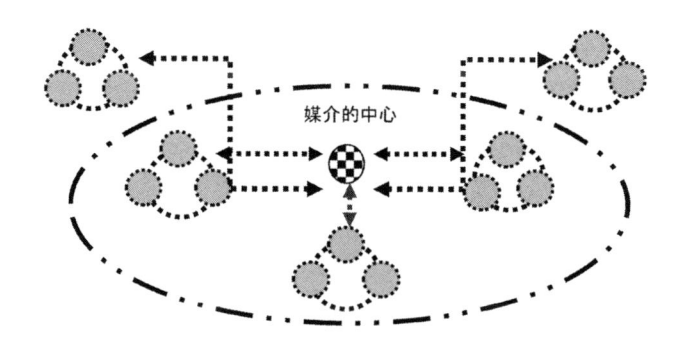

**図3-8　ネットワークと〈媒介中心性〉**

ワークを利用しようという場合、その中心にある人に働きかけるわけだが、だれがネットワークの中心かを理解しなければならない。地域のなかでたくさんのネットワークをもっているという意味で言えば、地元の人たちの方が〈中心〉といえる。これを次数中心性という。

　しかし、より大切なのは、媒介的中心といわれる人物であろう。この真ん中の格子文様のポイントを見るとわかるように、この点が、それぞれ活動の目的も、性格も異なるネットワークを結びつける媒介的中心であることが一目瞭然であろう。彼がいなければ、各ネットワークの単位、これをクラスターというが、そのクラスターの結びつきがなくなって、このネットワークは拡散してしまう。逆にいうと、彼と知り合いになることをとおして異質のクラスターとのネットワークがつくられ、そこから情報をえることができるようになる。さらに、彼とのつながりは、地域外にネットワークが一挙に広がることを意味するだろう。その点でも、重要な人的資源といいうる。角川地区の事例では、出川くんがこの位置を占めていた。**（図3-8参照）**

　**ソーシャルキャピタルをとおして情報をえる**
　第3に、ソーシャルキャピタルが新たに生み出すものは何か、ということをつかむ必要がある。そのネットワークは、2つのものをもたらすことになる。一つは、活動のための資源である人を動員する基盤である。既述のとおり、信頼関係があるからこそ、新しい人は勇気をだして行動に参加することがで

きる。もう一つは、ネットワークには、活動に必要な情報が流れることになる。ネットワーク論の〈スモールワールド〉のように、世界は意外と小さく、媒介的中心にある人と結びつくことによって、わたくしたちには世界から情報をえる可能性が拓かれることになる。

**多様なネットワークが福祉資源としての可能性をもつ**

第4に、高齢者の介護とソーシャルキャピタルの関連を考える場合、福祉の関係だけをみないで、より広い視野で、多様なソーシャルキャピタルとの関連を考える必要がある。例えば、地域包括支援センターの仕事をとりあげてみよう。当然ながら、いろいろな人や機関と連携をとる必要に迫られる、それらの諸機関をつなぐのがまさに重要な仕事でもある。その時、まず念頭におく人や機関とは、医療機関であったり、民生委員であったり、いずれにせよ、いわゆる福祉にかかわる人であることは間違いないだろう。

無論、これらの人びとが中心となるのだが、ソーシャルキャピタル論の含意の一つは、例えば、スポーツ活動や趣味のサークルなどをめぐるつながりが、直接高齢者の介護や子どもに勉強を教えるという行為ではないにもかかわらず、波及効果をもち、地域生活の well-being を高めるという関係を持っているということである。だからこそ、地域の福祉力を診断する場合、社会福祉や健康・保健に関係する指標や、それらの諸団体の活動に注意を払うだけではなくて、例えば、公民館の学習・文化サークル、スポーツ組織などについての情報をえるということ、その媒介的中心になっている人は誰なのか、ということを把握しておくことが大切なのである。それらは、まさに福祉の資源なのである。初心者は狭い視野で石を置くが、達人は大局的な観点からダイナミックに布石を打つ。

しかし、それは、ただ名前を知っているということではいけないことも確かである。インターネットのような匿名の関係は、つねに疑いつつ使うべきだといわれるように、一般には信頼関係を醸成しにくい。直接的な面識があるという関係があるからこそ、その日常的な活動経験の共有をとおして、信頼の関係は育まれるのである。

## おわりに

　社会教育関係職員も、ソーシャルワーカーも、そして地域包括支援センターの方たちも忙しい状況にある。そうした状況で、自分たちでこうした活動に取り組むべきだということを、ここで主張したいわけではない。地域社会には、健康・福祉の領域だけではなく、子育てをめぐる自主的活動や公民館などを拠点とした学習サークル、スポーツ団体、地域の組織がさまざまある。これらといかに結びつきをつくるのか、ということが大切な点である。

　そのつながりは、第一義的には、それぞれの領域での活動を目的にして結ばれたものではあるが、ソーシャルキャピタルの資本たる含意は、それが資本となって、形をかえながら、新しいことに取り組む際の「組織費用」を削減する、つまり、容易にとりくめる条件をつくりあげることに意味がある。

　公民館や地域包括支援センターが地域の住民の方たちにしっかりと認知され、職員の人たちや運営にかかわる人たちと、地域で活動する住民の方たちが地域の状況について話し合い、考え、そして行動する機会をいかにつくるのかということが大切な点である。ソーシャルキャピタルは、それをうまく利用する＝成功体験をつみかさねることによって、より大きな資本として地域の well-being を高める力を育むことを可能する。

## 第4章　地域の力を高める戦略をどうつくるのか

**はじめに**

　この章では、地域の力をどう高めるのか、その実践をどうつくるのか、とくに、ソーシャルキャピタルを育む具体的な戦略のつくり方について論じたい。そのために、わたくしたちの実践を紹介しながら、基本的な考えを紹介する。

　構成は以下のとりである。わたくしはソーシャルキャピタルを育む際に、コミュニティ・キャパシティ・ビルディングという考え方をとる。それを日本語に意訳して〈地域の力を高める〉と表現したい。では、①この概念の含意とは何か。それがなぜ大切なのか。この考え方の実践的に重要な点を整理する。それを受けて、②ソーシャルキャピタルを育む事業をどのようにつくるのか、その戦略のつくり方について説明する。最後に、③具体的な実践の事例を紹介しながら、留意点や職員の役割について論じたい。

### 1　なぜ、ソーシャルキャピタルを育むのか

**コミュニティ・キャパシティとは何か**

　実践で欠かせない点は、その実践が何をめざしているのかはっきりさせることである。つまり、実践の目的が問われる。この点でいうと、コミュニティワーカーは、普段、施設職員の方々が実践しているような、具体的なクライアントの状況やニーズをアセスメントして、必要な資源やサービスをどう提供すればいいのか、その計画をたてて実践するということとは異なる目的をめざす。

　では何をするのか。先の図3-1をふり返り整理すると、③がクライアントに対する地域包括支援センターを含めた福祉の個別的な実践だとすると、こ

の①あるいは②の部分が該当する実践領域である。ここが個別的な実践の質を高めるために必要な、わたくしの言葉でいうと、〈地域の力を高める〉実践である。これがコミュニティ・キャパシティ・ビルディング（community capacity building）とか、コミュニティ・キャパシティ・ディベロップメント（community capacity development）という概念である（以下、CCBという）。つまり、地域のなかにあるキャパシティを高めるとか、育むということがめざすべき目標ということになる。

このキャパシティには、辞書で調べてみると、大きく二つの意味がある。一つは、収容力である。地域社会には、もともとさまざまな資源があるということを意味している。二つ目に、能力という意味である。つまり、地域の諸問題を解決したり、地域生活における人びとのwell-beingを維持したり、高めることができる能力があるということであるが、このキャパシティは、人的資源、組織的資源、そして社会関係資本から構成される。

ここからコミュニティ・キャパシティとは、次のように定義することができよう。

> コミュニティ・キャパシティとは、コミュニティに存在する人的資源、組織的資源、社会関係資本から構成され、それは、コミュニティの諸問題を解決したり、そのコミュニティのwell-beingを改善したり、高める力をもっている。

したがって、コミュニティ・キャパシティを考えるに際しては、以下の3つの主体に留意して現状を分析評価すること、それを高めるために働きかけることが求められる。これを図4-1に示してみよう。

この図では「制度・政策」のレベルを加えている。なぜなら、地域に存在するキャパシティが十全な力を発揮できるかどうかは、個人や組織、それらのネットワークの力量に大きく依存していることは言うまでもないが、同時に、それらが活動する「環境的基盤」である「制度・政策」のあり方が重要な要因となるからである。とくに、狭義の福祉実践は、制度・政策にもとづく施策として実施されるわけであるから、とりわけ重要な側面となる。したがって、ソーシャルワーカーやコミュニティワーカーの課題として確認されてい

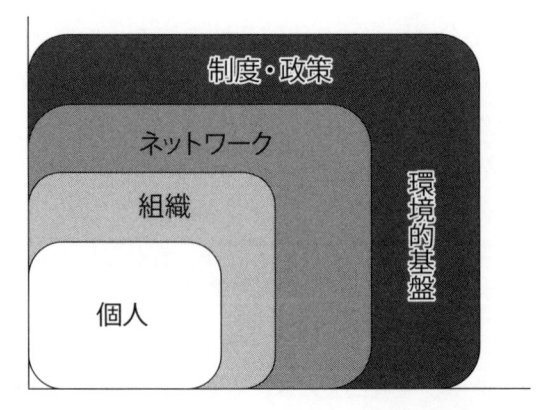

**図4-1　コミュニティ・キャパシティの4つの次元**
出典：JICA2006を修正し作成。

るように、可能な範囲で制度や政策を変えたり、新たな制度をつくるために働きかけることも視野に収める枠組みを考える必要がある。

〈地域の力を高める〉アプローチの考え方

　このアプローチは、世界銀行（World Bank）や国際連合開発計画（UNDP）などの国際機関で盛んに使われており、日本では国際協力開発機構（JICA）などが実践の報告書をだしている。このことかわかるように、それは、もともとは発展途上国の開発政策の基本的な考え方から出発したアプローチである。

　そこには次のような、これまでの枠組みに対する批判的な反省がある。つまり、従来の枠組みでは、ドナーとしての先進国が主体となって先端的な知識や技術を提供していけば、やがて先進国とのギャップが埋められて途上国は発展していくのだと考えられてきた。しかし、それではうまくいかない。必要なのは、既存のキャパシティの要素に注目して、当事国の住民たちの自主的で主体的な参画を促しつつ、この力を高めるための取り組みをすすめたり、それを保証する政策や制度をつくる必要があるという、政策の視点の転換である。そこからでてきたのが、このCCBという考え方である。

　しかし、この考え方は途上国における開発論だけではなく、先進諸国の都市開発や農山村開発・再生論などの試みのなかでも活かされている。それは、

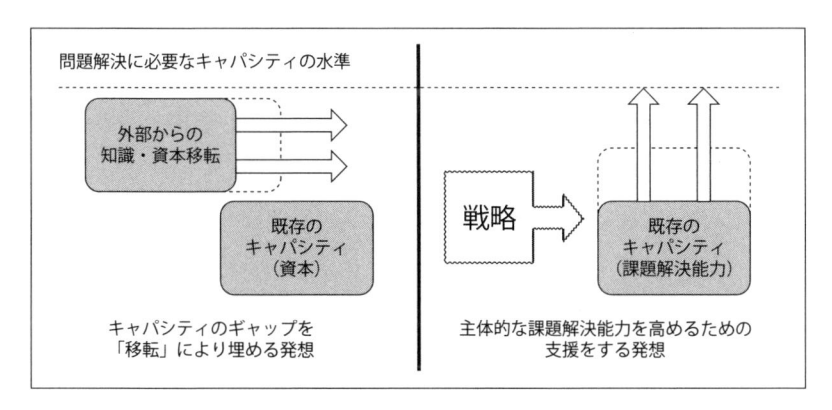

**図4-2 〈地域の力を高める〉アプローチの考え方**

出典：JICA2006 より引用。

鶴見和子や宮本憲一などが提唱した〈内発的な発展論〉とも共鳴する考え方である（鶴見 1989、宮本 1973）。

　この考え方を図示するとすれば、**図4-2**のように表現できる。つまり、これまでの開発では、地域の経済的な発展をすすめるために新しい知識や技術を移転するとともに、新しい政策や制度についてのノウハウを先進国は提供してきた。ここにみられるのは、①経済的側面だけを強調してきたということと、②いわば外在的な力だけに頼って開発をすすめるという志向である。その結果、どうであったのか。援助が途切れると、もう後戻りをしてしまう。あるいは汚職などの温床となってしまって、効果が持続しないという現実がつくられてきた。

　これに対して、このCCBアプローチでは、「主体的な課題の解決能力を高める」ことが目的であり、あくまで主体は住民におかれる。ここで2つの大切な点を確認できる。第1に、このアプローチでは、主体は住民自身であり、彼らの意欲や関心をどう高めるのか、課題解決のための知識や能力をどう高めるのかということが大切なポイントとなる。第2に、したがって、支援者の役割は、広い意味での教育者であり、ファシリテーターとしての役割が期待される。つまり、内発性ということがもっとも大切な視点である。この意味で、CCBは〈地域の力を高める〉アプローチとして、わたくしたち教育学との接点がでてくることになる。

### ソーシャルキャピタルとCCBアプローチ

　ここで再度、ソーシャルキャピタルとは何かということを確認し、それがCCBアプローチとどう関係するのかということを整理しておこう。わたくしたちは、ソーシャルキャピタルを、以下のように定義してきた（高橋2010）。

　　お互いに気兼ねなく助け合いましょうという考えを持つ人が、信頼の絆によって結ばれている社会関係の力をソーシャルキャピタルという。（図4-3参照）

　人びとのつながりがある。しかし、ただつながってもダメで、そのつながりの性格が、①信頼関係で結ばれていること、②そして、人びとが互酬性、つまり、お互い様だから〈助け合いましょう〉、〈わたくしが支援するよ〉という考えを持って結ばれていること、③そういう人たちが協同の活動をするということである。

　では、このソーシャルキャピタルとCCBアプローチは、どのように関係するのか。その関係は簡単である。CCBは、ソーシャルキャピタルを育む働きかけであり、これによって住民の社会的活動への参加を促進するとともに、地域にある組織的資源やネットワークをより豊かなものにし、そのことをとおして自助、互助、共助にもとづく地域のもっている課題解決能力を高めるということをめざす戦略として理解できる。

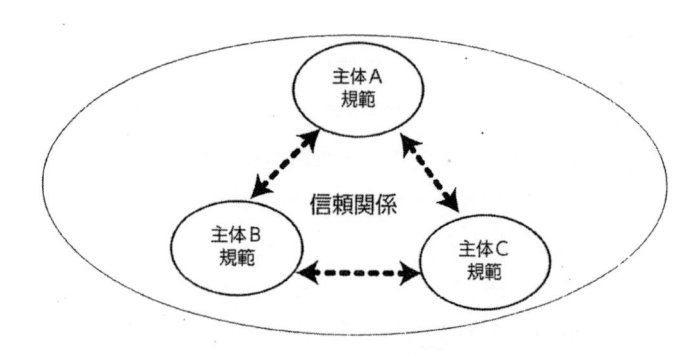

図4-3　ソーシャルキャピタル概念図（高橋修正版）

## 2　どのように〈地域の力〉を高めるのか

**作業の手順——アセスメント・戦略構築・実践のサイクル**

次に、コミュニティ・キャパシティを高めるための事業をどうつくり、いかに実践していくのかということを考えてみよう。この全体をサイクルとしてとらえたのが、**図4-4**である。**表4-1**と関連させつつ説明したい。

まず、①CCBの視点から、キャパシティの現状を評価するということが出発点である。つまり、いま自分たちがどこにいるのかということが確認される必要がある。CCBの視点から、地域のなかに存在する「関係者分析」をするとともに、そこから見えてくる「問題」を明示化し、共通の認識としていく。

②これと並行して行われるのが、「めざすべき目標」の設定である。この事業が何をめざすのか、ということである。適切な公的支援を受けつつ、住民の自助・互助・共助により地域の問題を解決する力をどこまで高めるのか。どのように住民の意識を高め、彼らの参画のネットワークをつくるのか、ということを考えていく。ここまでがキャパシティのアセスメントのプロセスであり、できるだけたくさんの関与する人びととともに分析をすることが理想である。

③次に、この問題解決のために実行可能性のある手段を選択しながら戦略をたてることになる。そのうえで、個別のプログラムをデザインする。

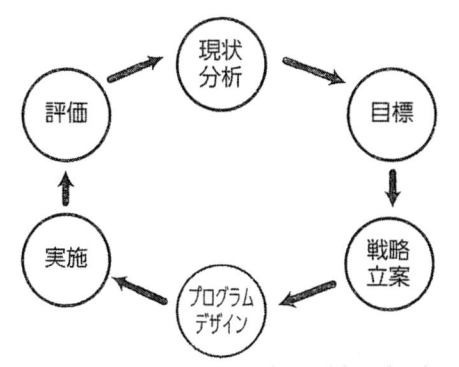

**表4-1　キャパシティ分析**

| 関係者分析 | 地域内の多様な個人、関係諸組織、ネットワークについての確認と分析．アクター／CP分析． |
|---|---|
| 問題分析 | 上記分析から見えてきた問題中心．問題⇔問題解決能力で考える． |
| 手段選択 | エントリーポイントの選択．事業展開のシナリオ構築．CP向上の手段の検討． |

**図4-4　プログラム・デザインのサイクル**

出典：JICA 2006より修正引用。

このように、全体の構想のなかで個別事業を位置づけるという検討がないと、よくあることだが、例えば、「社会的資源のマッピング」を市民参加でつくったけれども、それが十分活用されることなく捨ておかれる結果になってしまう。個別の事業は目標実現のための一つ一つの〈布石〉だと理解すべきなのである。

④このあと「事業の実施」そして「評価」へとつづいていく。どこまですすんだのか。残された課題は何か、ということを確認することは事業マネージメントとして大切なプロセスである。

とくに評価から戦略の構築までの流れについて、時間の軸をいれて、何をすべきなのかを確認したのが**図4-5**である。そこに、どのように実際の〈戦略〉をたてるのかが示されてある。ここにみるように、キャパシティをアセスメントする際には、過去の推移などについても情報を集めることが必要となるだろう。なぜなら、現在の地域における諸資源の配置やネットワークのあり方は、これまで地域で培われてきた実践の成果だからである。それは「問題分析」の理解を深めるためにも不可欠な段階といえよう。

これで事業の一つのサイクルが終わることになるが、留意すべき点は、事業の実施後に、住民・地域組織にどのようなインパクトを与えるのか、そして、それが、どのような取り組みに結びついていくのかということ、つまり、

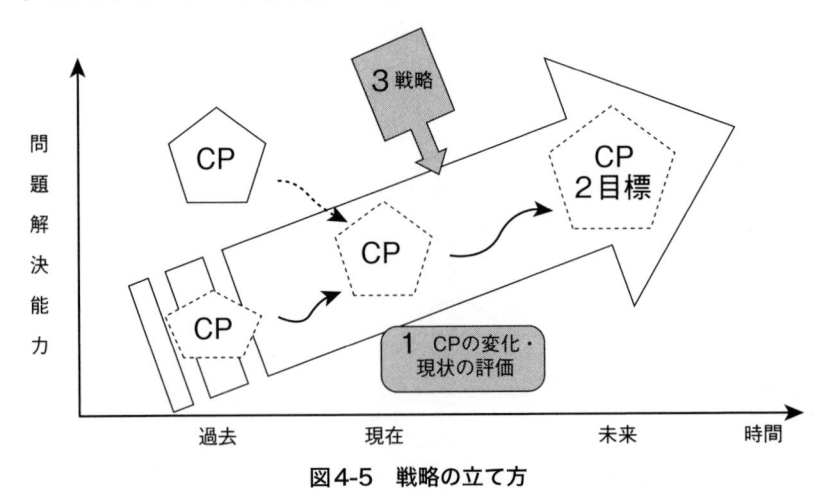

**図4-5　戦略の立て方**

出典：JICA 2006 を参考に作成。

「内発性」や「自立発展性」とどう結びつくのかということの検討を十分しておくことである。

#### 〈地域の力を高める〉諸段階

では、地域の力を高めるために、どのように働きかけるのか。このことを考えるための枠組みをみてみたい。相互関係は次の図4-6のように構成される。

第1に、まず、考える必要があるのは、キャパシティの現状をアセスメントする際の要素である。①「コミュニティ・キャパシティ（CP）の特徴」、②「社会的な担い手」と⑤の「影響を与える要因」の部分は、現状のコミュニティ・キャパシティを構成する要素を示している。「コミュニティ意識」は、住民の方たちがもっている地域への愛着や、「われわれ意識」をもっているかどうかに関係する。「コミットメント」は、地域のことについて自分のことと

```
⑤影響を与える要因              ④戦略
・安全な空間                    ・リーダシップを高める
・居住の安定                    ・組織の発展
・知り合いの程度                ・組織化する
・機会の構造                    ・組織のコラボレーション
・パワーと資源の配分

①CPの特徴           ②社会的な担い手      ③CPの機能
・コミュニティ意識    ・個人              ・計画、決定、統治
・コミットメント      ・組織              ・財やサービス提供
・問題解決能力        ・ネットワーク      ・情報提供
・資源へのアクセス                        ・動員とアドボカシー

⑥目標
・よりよいサービス
・決定への影響
・well-being 向上
```

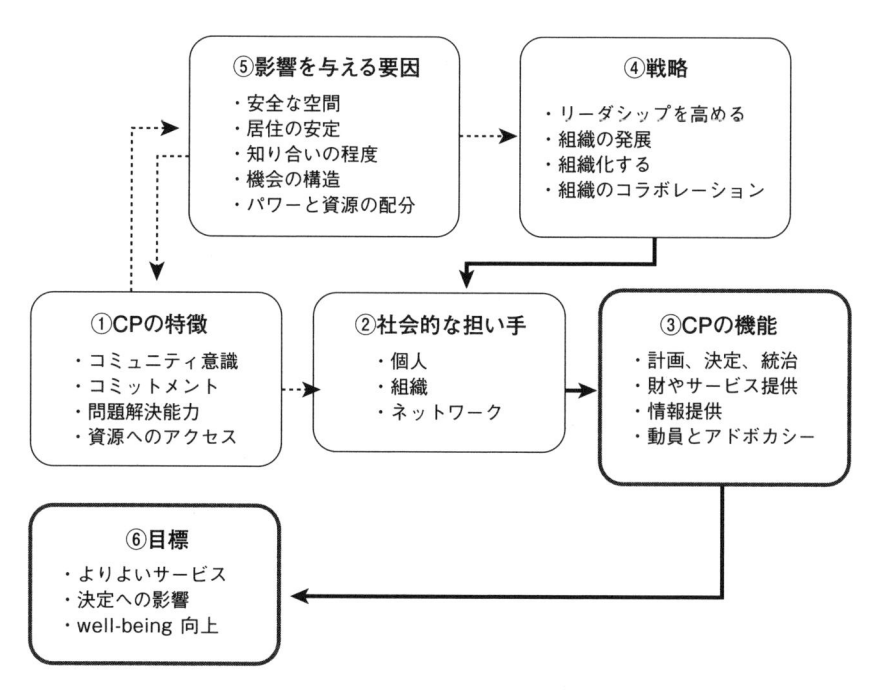

**図4-6 コミュニティ・キャパシティと〈高める〉諸段階**

出典：Chaskin 2001 より修正作成。

してどのくらい感じることができるのか、そのことに積極的に関与する意志などから構成される。「問題解決能力」は、実際に、その関与を行動に移し、課題を解決する力である。②は、先に定義でみたキャパシティの各次元である。キャパシティを評価する際に、この3つの次元で地域の状況を分析することが必要となる。⑤にあらわれるのは、コミュニティ・キャパシティや、その発展に影響を与える諸要因である。地域社会の特性を反映する要因であり、実践の前にこれらの諸要因などについても分析することが望ましい。

　第2に、具体的にキャパシティを高めるために何をするのかということを考える必要がある。地域づくりの計画で大切なのは、この④の「戦略」の部分である。つまり、これが根拠に基づくとき、キャパシティを高めるための妥当性を高めるからである。このなかで「リーダーシップを高める」というのは、キャパシティを構成する個人の力量を高めるということであり、通常、職員や住民個人を対象にした研修会や学習会などの手法がとられる。「組織の発展」は、既存の組織をより強く発展させるということであるし、次に、目的にもとづいて組織をつくる、そして活動に「組織化する」という手法がとられる。ソーシャルキャピタルを育むことと関係するのは、この「組織化」という手法と、「組織的なコラボレーション」をつくるという手法の2つである。

　第3に、これらの働きかけのアウトカムがくる。③「CCPの機能」と⑥「目標」がこれに該当している。先にもふれたように、中長期的な目標と、短期的な目標とを区別して考える必要がある。なぜなら、単発的な事業で「よりよいサービス」が実現したり、地域の well-being がただちに高まるわけではないからである。どのようなスパンで、何を、どこまで実現するのか、ということを明確にすることが重要な視点であろう。

　これらの戦略のより具体的な立て方については、第5章のロジック・モデルで説明したい。

## 3　具体的な事業のつくりかた──参加と対話をつくる

### 具体的活動の事例

　では、具体的に、どのような事業をつくればいいのだろうか。そして、職員として何をすればよいのだろうか。例として、次のような6つのポイントを示している。実践でいうと、少しずつ①から⑥まで段階的にむつかしくなり、まえのポイントを踏まえて次のポイントが課題としてでてくるという構造につくられてある。

　まずは、住民たちの参加や活動の機会をつくることからはじまる。

①住民たちの出会い、語り合い、ふれあう場・機会をつくる。
　　祭り、運動会、コンサート、講座など、とにかく住民が集まり、そのことによって相互に話をしたり、交流することをとおして知人を増やしていくことである。
②地域の資源を自分たちで探索し、理解することにより地域に愛着を育む。
　　小さなグループで地域を探索する。それを学ぶ機会をつくる。目標や成果をつくることも大切なので、各種の地図をつくったり、報告書などをつくる。それを公民館・生涯学習センター便りで活かす。
③地域で安全・安心に暮らせるような活動を行う。
　　防犯活動、防災活動、登下校の見守りなどの活動を通して、直接住民の安全・安心を確保する大切な活動である。防犯活動では、ポスターの作成、啓発標語の募集と掲示なども、参加者の層を広げるうえでも効果がある。高齢者を対象にした健康づくりの取り組みも、直接、介護予防活動として有効であるし、地区担当の保健師の方々との協力のもとに実施することができる。
④まちづくりの人材を育成する。
　　これは行政が実施していることが多い。地域のさまざまな活動を実際に行う人に、そのノウハウを伝えること、住民の方々のグループもそこから育つ事業である。実施に当たっては、参加者である住民の立場から要望を出すことも効果を高めるうえで大切である。
⑤まちづくりを推進するための仕組みをつくる。
　　まちづくりは一つのイベントではなくて、まちの未来をつくるプロジェクトである。したがって、長期的にまちづくりを継続し、活性化させ

ためには、その仕組みをつくることが欠かせない。具体的には、場所をどうするか、資金をもたなければ「絵に書いた餅」である。事務局的な機能をもつ人材も必要になってこよう。要するに、総合的な支援の仕組みをつくることである。

⑥まちづくりの計画をもち、それを住民の共通の意識とする。

　魅力あるまちは、共通して、まちにはいったときに住民の共通の意志を感じるものである。そのためには、まちづくりの計画がなければならない。とくに、まちづくりや地域福祉の目標への住民の理解が大切となる。また核となる活動の広がりが、住民の方々の意識醸成を図るうえで重要である。地域全体でとりくむという意志が形成されると、それはまちの風土といえるものになっていく。

## プログラムで何が大切なのか

では、具体的に、どのようなプログラムや事業を考えたらいいのだろうか。それこそ、いろいろと考えられるが、何をやるのかということよりも、どうすすめるのかという方が大切な点である。まず、具体的な事業の様子をみながら、ソーシャルキャピタルを育む際に留意すべき点を確認したい。

これは仙台市の鶴ヶ谷という住宅団地で取り組まれている介護予防の活動である。リフレッシュ倶楽部は、隔週で高齢者の方たちが集会所に集まり軽体操や談話を楽しむ活動をつづけている。もともとは仙台市の高齢健康福祉課が主催して取り組んだものであるが、いまでは住民が主体となり運営されている。インストラクターも住民の方々である。少し若い世代だが、それでもすでに退職した方たちが運営している。こうしたグループが鶴ヶ谷地区に8つあり、延べ250人ほどの高齢者の方たちが継続的に介護予防に取り組んでいるのである。

ここから学ぶべきことは何か。第1に、公的機関が働きかけをしたとしても、それをずっと続けるわけにはいかない。したがって、やがては住民の方たちの力で運営するような働きかけを心掛けることである。それには、プログラムがすすむにしたがって行政職員から住民の方たちに運営を委ねるようにする必要がある。**図4-7**が職員としての関与の仕方のイメージとなる。ここにみるように、最初は職員が主体となっても、少しずつ責任を委ねて行く。そして、「自立」をしたあとも、活動や研修の機会を提供したり、広報や補助

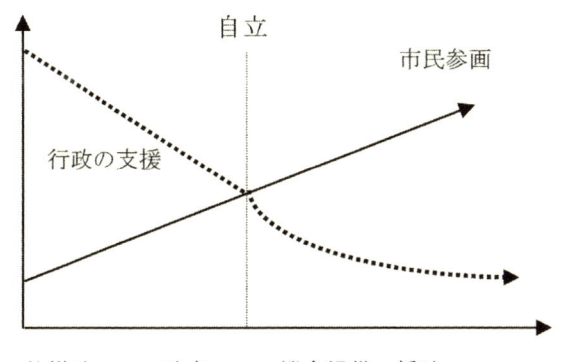

第4章 地域の力を高める戦略をどうつくるのか　89

```
         自立
          │        市民参画
行政の支援 │
    ＼     │      ／
      ＼   │   ／
        ＼ │／
        ／ │＼
      ／   │  ＼‥‥‥‥
    ／     │         ‥‥‥‥‥
```

仕掛け　→　助走　→　機会提供・援助

**図4-7　自立を高めるための技法**

出典：高橋作成。

金などの情報提供が必要かどうか、見守りながら活動が継続してすすめられるような支援をしていく必要がある。

　第2に、身体運動も介護予防として素晴らしい効果を生み出すが、ソーシャルキャピタルを育むという点からみると、活動前後の談話の機会が相互の理解を深めるために重要なことである。参加するだけではなく、対話するということがソーシャルキャピタルを育む事業をつくる上で重要な運営の手法となる。つまり、住民の方たちが楽しんで参加することができ、しかも、相互の信頼関係を育むことのできる運営を図ることが大切な点である。

**コミュニティ・リソース・ネットワーキングという考え方**
　さらにつづけて、わたくしたちの実践事例を紹介しよう[1]。ソーシャルキャピタルを育むための具体的な手法の一つである。
　数年前になるが、「男女共同参画」と「子育て支援」にかかわる人や団体を〈つなぐ〉実践をつくってきた経験である。他の自治体でもそうだろうが、わたくしたちの市民活動の研究では、それぞれの市民団体には、行政との関係はもっていても相互にはあまり面識がない。会う機会がないようである。つまり、市民活動ではネットワークが大切だというが、意外にヨコにつながりにくいという特徴がある。ヨコにつなぐにはどうするのか。そこで考えたのが、

団体の協力をえて、協働関係をつくり、子どもをめぐるイベントを開催して、各団体の活動も紹介するという機会である。

　宮城県仙台市の北、松島湾に面したところに塩竃市がある。マグロの水揚げが多いことで有名な街である。諸計画をつくる際に立ち上げた市民組織、さまざまな市内の市民組織で実行委員会をつくり〈子どもフェスタin塩竃〉というイベントを準備した。

　工夫したのは、次の点である。第1に、フェスタそのものは、それこそ祭りであるから、楽しいもの、より多くの市民が参加できるように設定している。つまり、より多くの人の参加で〈出会いの場〉を大きなものにするということがめざされた。第2に、男女共同参画をテーマにしている団体もあるが、やはり後継者難があって少し元気がない。子どもの力をもらって、相乗効果でイベントを運営し、男女共同参画について、より多くの市民に活動内容をしってもらうこともねらいとした。第3に、この事業は楽しいだけではなくて、市内の市民活動団体の活動をつなぐ機会でもあった。そのために、実行委員会をつくって、開催までに数回の会議を持ち、そこで目標をどうするのか、企画をどうするのか、各組織の責任の分担をどうするのか、徹底的に議論をしてすすめてきた。行政の役割も大切である。生涯学習課、福祉課、企画課なども協力しながら準備に参加してきた。一つの実践の集団がつくられた。むつかしくいうと、一つの目標の実現に向けた実践コミュニティをつくるというである。これがいわゆる協働をつくる手法である。

　この手法というのは、それだけのことなのであるが、専門的用語でいうと、コミュニティ・リソース・ネットワーキングという手法である。つまり、地域にある社会的資源の〈出会いの機会〉をつくり、相互に知り合う機会、対話をする〈空間〉をつくる。活動をともにすることによって、信頼関係や社会的な絆をつくるプロセスである。

　ここで大切なことはどこにあるだろうか。極端な言い方をすれば、フェスタそのものの成功ではない。もちろん、参加者の次の活動への意欲を育むためには「成功した」という喜びを共有することは不可欠である。専門家は、そのことに責任をもたねばならない。しかし、この事業の核心は、フェスタをつくるために集まってくれた人びとや組織の方々の対話の深まりなのであ

る。信頼関係を育むためには、まずは交流し、この対話のプロセスに十分な時間と注意を払い、相互理解が深まるような運営に心砕くことがもっとも大切なことなのである。

## 4 私たちの実践をふりかえる

　もう少し長期的な展望をもってすすめた CCB の取り組みの事例を紹介しよう。フェスタも、この戦略的な計画のなかの一つのプログラムに位置づけられる。

　現状のアセスメントにもとづき、どのような将来的な目標をたてたのか。その実現のためにどのような仕掛けを用意したのか。運営にあたっていかなる点に留意しながらすすめてきたのか。キャパシティの4つの要素である、個人、組織、ネットワーク、そして制度・政策の革新をどのように図ってきたのか。長期総合計画を策定する過程のなかで、6つのポイントに留意したまちづくりの実践を紹介したい。

　このプロセスは、**図4-8**のように示すことができる。ここにみるように、「ま

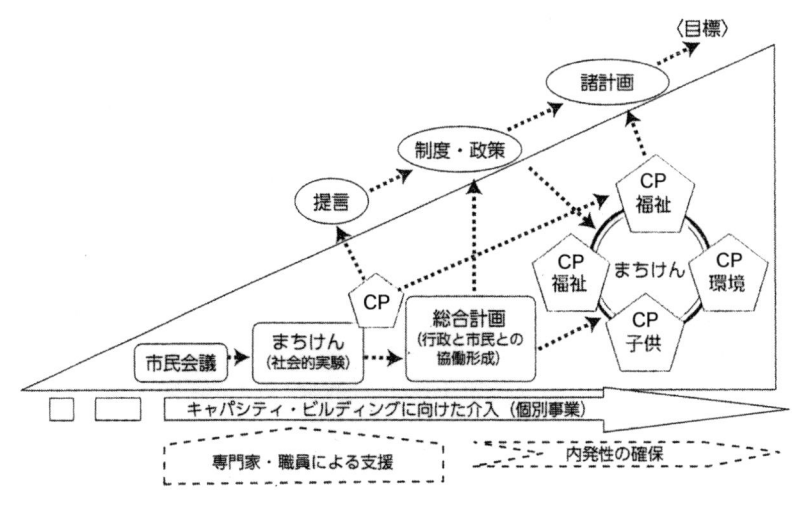

図4-8 〈地域の力を高める〉プロセス

出典：高橋作成。

「ちけん」をつくる事業をエントリー・ポイントにして、地域の力を高めることにつながっていることがわかる。この経過を少し詳しく説明していこう。

### 目標設定——私たちの「見通し」

塩竈市は2000年度に第3次長期総合計画をつくってきた。その長期総合計画をつくるにあたって市民会議をたちあげ、この市民会議が総合計画に提言をまとめること、その運営を図ることがわたくしたちの課題であった。この市民会議と審議会の議論とを連動させながら、形式的なものを超える市民参加で計画をつくるプロジェクトである。

ここからが「目標」の設定に関する部分である。私たちが考えたのは、長期総合計画に対応する運営だけではなくて、策定後もその実現に向けて市民としてまちづくりを担うような主体を形成すること、先ほどのCCBの考えに立って新しいまちづくりを主張することであった。次の「獲得目標」がそれにあたる。

　①計画策定後、「塩竈まちづくり研究所」を残し、
　②そこで活動する市民の自主的グループを発掘・育て、
　③市民活動を支える制度を整備し、
　④それを支える市民の意識を醸成する。

今からみると、壮大で、素晴らしい「目標」を掲げたわけだが、こうした「目標」をかかげたからには、思いつきの対応では不可能である。しっかりした戦略、仕掛けをもたなければ実現できるものではない。

### 戦略——仕掛けをつくる

そのポイントが「まちづくり研究所」(以下、「まちけん」という) という名前の組織である。まちづくりというのは、1年2年の活動ではなくて、将来的にも継続していかなければならない課題であり、それには拠点となる組織をつくる必要がある。これを担う組織をつくることが、長期総合計画よりも大事であるというような考えである (「組織化」という働きかけである)。市民会議が始まる前に構想したいくつかの仕掛の一つである。

もう一つ最初から考えたことは、自主的な活動へと自立を支援する仕掛けである（「戦略」である）。行政の呼びかけで会議をたちあげる、行政の人が参加すると、会議の呼びかけも準備も、そして会議の運営も行政に頼るような状況が生まれざるをえない。組織としての自立化ということを考えていくと、行政が準備をして会議をくり返すのではなくて、できるだけ距離をおくことが必要となる。このため空間的にも自立性をもたせることを考えた。行政の呼びかけでできた会議であるから、行政が公的施設を確保することが通例だが、私たちは独立した場所を利用するということで、塩竈市内で教会として使われていた場所を借りてきて、そこを拠点にして活動や会議を行うことにした。十字架のもとで神に祝福されつつ実施されたプロジェクトである。

　「まちけん」としての将来を考えていくと、とりあえず、できるだけ自立性をもった運営ができるような形でやっていく。社会的実験として運営してみようということである。実験であるから失敗したら自己分析をする。そして新たな展望を考える。社会的な実験として、自立した運営が可能か。組織化というものが可能なのか。そのために、どのような働きかけや、あるいは仕掛けが必要なのか。これらを考えながら、まずは試してみようということで構想をつくってきた。

### 綿密な準備と柔軟な対応

　「まちけん」の会議の実施に当たっては、必ずまずコーディネーターのミーティングで分科会のテーマやストーリーを一応描きながら、会議に向けて調整し、準備をすすめた。それをもって行政職員やコンサルタントのミーティングで、さらにいくつかのパターン、ストーリーを想定する。しかし、実際の運営はそのストーリー通りには進まない。でも、こうしたミーティングと会議の往復を繰り返してきた。月並みだが、綿密な準備と柔軟な運営ということだ。

　コーディネーターとして大切なのは、紆余曲折をたどることがあっても、時間がかかっても、市民の力に委ねて議論を進めていけば、大局的にはめざすべき方向へとすすむという確信をもつことである。わたくしたちの経験では、実際、そのように会議はすすんでいった。市民の力への信頼をもつこと

も、CCB の実践で大切な点である。

　また、できるだけ決定を市民に委ねる運営を心掛けてきた。市民の方を分科会の代表として選出し、その方が中心となって運営委員会を構成してきた。途中からは、各分科会のテーマもこの運営委員会で決定するように権限を移行した。例えば、わたくしたちのミーティングでは横断的なテーマがあるので、できるだけ早い時期にそういう横断的な会議が必要だということが議論はされてきたが、しかし、それを提起はせずに運営委員会の議論を待つことにした。果たせるかな、市民のメンバーの中から、「それは他の分科会にも共通する横断的なテーマだから一緒に議論する機会が必要だね」という発言がでてくるのを待って、運営委員会で検討し、全体会議を開くというようなすすめ方である。

　しかしながら、運営の主体を市民にできるだけ委ねるということは、実はなかなか難しいことでもある。会議の運営も内容的には市民の主導ですすめることができたが、むしろ、むつかしいのは実務的な仕事の分担である。司会を頼むと、「司会はやらん」と市民の方に言われてしまい、しぶしぶと私どもが司会をせざるを得ないことも少なくない。とくに記録は大変である。記録を市民の方に委ねることは、わたくしどもの力では残念ながらまだ上手くやった経験がない。行政が呼びかけてつくった会議というのは本当に難しいのである。

　余談であるが、あとで自立した組織になると、市民主体でしっかりできる。つまり、手抜きをするしたたかさをもっているのが市民でもある。

### 活動展開の諸階梯

　分科会は4つあったが、それぞれ分科会のテーマも違い、分科会の進行そのものもできるだけ市民に委ねているということで多様である。したがって、活動展開のプロセスも多様なのであるが、しかし、おおよそ共通した側面がある。

　まず、最初に、行政への不満が厳しい批判として爆発する段階がある。会議の間中、行政批判だけが延々としてつづく。そういう会議を2回、ないしは3回経験する。ところが、それだけ言うと、もう繰り返してもしょうがな

いという認識になり、何回か繰り返すと次第におさまってくる。知らない人同士が対面するとき（無視できない状況）、人はときに攻撃的になる（とくに不満を潜在させているとき）。

　その後、行政は行政なりの考え方を主張できるようになり、批判だけではすすまないので、一緒にこれからをつくっていこうというようになる。この第2段階では、塩竃の現状をつかみたいということで、行政からの説明を受けつつ、現状と問題をとらえる活動が市民主体で計画される。私たちの会議では、まずは行政がつかんだ現状を把握しようということで、塩竃市の出前講座を市民の方が利用して学びを深めてきた。

　第3段階くらいからは、より主体的な学習の編成の段階に入っていく。分科会によって異なるが、実際に自分たちの目と足を使って塩竃の現状をつかむ、ということがまちづくりの出発点である。施設見学であるとか、あるいはワークショップを加えながら情報を共有していく。あるいは、問題をリアルにとらえていくということができるようになる。ゴミ処理の過程を実際に見て、市民の分別がおろそかなために、最終処理で委託された業者が再分別をしている様子を確認することによって市民の責任を自覚するという経験を積み重ねてきた。

　第4段階では、まちづくりへの提言をまとめるために市民が求めるものは専門的知識、知見である。このプロジェクトでは、専門委員として大学の研究者や、あるいは市民活動家が参加していたので、そういう方が講師になったり、領域によっては地元で活動している市民、他の大学人などの専門家を招いて学習会を行うという段階に進んでいく。

　第5段階は、分科会横断的な議論と、そのための講演会や学習会を開催するというような段階になる。提言をより多くの市民の声に支えられたものにするため、市民に開かれた学習会・講演会をもつ。

　私どもが支援者であり、市民のメンバーの方たちが支援されたという関係というよりも、ともに協力しあいながら、補完しあいながら議論をつづけ、学びを重ね、まちづくりの構想をつくりあげてきた。出会い→対話→協働という過程をたどりながら議論を重ねるなかで、まちをつくる市民としての責任と自覚が深まっていくのである。

**自立的な市民の活動**

　以上のような仕掛けをして、学びの過程をつくりながら提言をまとめて終了となるが、分科会横断的なテーマを含めて、Ａ４判で100ページの提言をまとめている。当初は、6回の会議の予定であった。これにたいし私どもは「6回では少ないので8回にしてください」と打合せをしたわけであるが、結果として、延べにして80回の会議を重ねるなかで権利とともに責任意識が市民のなかに育まれてくるのである。

　しかし、目標は自立的なまちづくりの市民組織としての活動の展開ということであった。そのために、いろいろ仕掛けや議論はしてきたので、活動の継続を願ったことはいうまでもない。しかし、ここでも大切なのは、最終的には市民の方に判断を委ねるということである。その結果、市長に要望書を提出して、そこで行政との関係を一応切り離して、新生の「まちけん」という形で活動を再開するという結論をえた。「まちけん」という形で、行政とは独立した組織として船出したわけである。

　ここでは触れないが、このプロジェクトは総合計画をつくるものであったが、その後、「男女共同参画推進計画」や「子育てプラン」、「障害者福祉計画」など、いくつかの計画づくりに「まちけん」の市民たちが審議委員などとして参加する広がりをもち、その結果、市民活動を推進する制度や施設をつくるなど、制度や政策の形成にも影響をもつ取り組みとなっている。この意味で、わたくしたちの実践は、CCBアプローチにもとづく市民のエンパワーメントを図る実践だということができよう。

## おわりに

　ソーシャルキャピタルをいかに育むのか。どのように事業をつくるのか。これまでの内容をまとめると、次のようになる。

　なぜ、ソーシャルキャピタルを育むのか。それは〈福祉のまち〉をつくる基礎を育むということである。そのことによって、支援センターの活動が認知され、またより効率よく活動をすすめることが可能となる。それだけではなく、地域の福祉的な課題を住民の方たちが協力して解決する、対価にもと

づくサービスだけではなく、住民の方々の生活を豊かなものにするうえで必要なニーズが実現する基盤が形成される。地域のそうした力をつけるということが大切な点である。

そのためには、まず、自分たちが対象とする地域のキャパシティを分析・診断するということが出発点となる。キャパシティを構成する「個人」、「組織」、「ネットワーク」、そして「制度・政策」の各レベルで現状の問題点や課題を分析し、それを共通認識にしたい。それぞれの立場で事業をおこなう視点から、将来的にどのような地域のキャパシティを育みたいのか。そのために、当面、何からはじめるのか。そこで何をめざすのか、ということの検討を意識化する戦略的な思考が求められる。

「戦略」をたて、具体的な個別のプログラムをつくるのは、創造的で、楽しい作業である。しかし、その際に留意しなければならないことがいくつかあった。①住民の主体的な参与を引き出し、やがて自主的に活動ができるような関与の仕方が求められる。②ソーシャルキャピタルを育むためには、より多くの人びとが参加できる魅力ある事業であることが必要であるが、大切なことは、効率性とか参加者の数の問題ではなくて、事業をつくり、そして運営するプロセスである。参加とともに、対話でつくる事業運営に心がける必要がある。とくに、ソーシャルキャピタルのもっとも生産的な要素といわれる相互の「信頼関係」は、一つの目的に向けて、ともに取り組んで、それを成功させたという経験によって育まれる。実践では、この点にとくに留意する必要がある。

塩竈市の実践は、非常に大がかりなものであり、まずもって総合計画をたてるという「千載一遇の好機」を活かしたプロジェクトである。しかし、大切なことは規模であるとか、専門家の関わりというところではなくて、運営にあたっての長期的な目標を展望しての、わたくしたちの戦略性や、仕掛け、運営上の工夫にある。この点を参考にしていただきたい。

ソーシャルキャピタルを育むことは一朝一夕にできる課題ではない。長期的な視野に立った継続的な取り組みが必要な課題にほかならない。しかも、すでにキャパシティの要素でみたように、コミュニティ意識とか、市民の参加とかといったものは、なかなか成果があらわれるような性格をもたない。

しかしながら、それが重要だということ、必ず前進するのだということに確信をもち、積極的に取り組む必要がある。

**注**
1 以下の塩竈市「まちづくり研究所」の実践事例については、高橋（高橋2003）の記述を修正しつつ記述している。

# 第5章　参画型まちづくりの計画と評価
## ──ロジック・モデルの技法

**はじめに**

　この章では、〈市民協働のまちづくり〉実践のプログラムをいかに計画し、そして評価するのか、その具体的なすすめ方について論述したい。

　社会福祉や社会教育に限らず、行政の施策をすすめるにあたって、いまほど計画と評価が求められる時代はないだろう。しかしながら、企画書をつくっても「計画」として最低限必要な要件を備えていないもの、「思いつき」程度のプログラムも少なくない。そもそも地域福祉論やコミュニティワーク論だけでなく、社会福祉計画論の教科書等をみても、自治体レベル（あるいは地区レベル）の地域福祉計画策定の手順や必要とされる視点などを扱っているものの、事業レベルでの計画をどうつくるのか、その具体的手法を紹介しているものはほとんどない。

　周知のように、地域福祉論では、計画策定における住民参加がとりわけ重視されている。また、計画づくりが、その住民の福祉力を高めるものであることが大切であるともくり返し強調されている。それは「地方自治の学校」であるともいわれるが（武川 2006）、計画づくりを学びの場とするために、計画と評価づくりへの市民参加がどのようにあるべきなのか、具体的なすすめ方については明らかではない。

　計画・評価のつくり方にもいくつかの考え方があるが、以下ではロジック・モデルという手法を使った計画と評価のすすめ方について説明し、学びとしての計画・評価づくりのプロセスとして、このモデルを適用した具体的な実践の試みを紹介したい。

## 1　計画・評価と市民参加

**評価の時代**

　政策や施策の推進において計画と評価の必要性が強調されている。いうまでもなく、地方分権の推進にともなって、あるいは財政危機もあって、行政の政策形成能力の向上や市民に対する説明責任が求められていることが、その背景になっている。さらにいえば、NPM（New Public Management）の日本への紹介と受容がすすめられ、「結果重視」、「顧客志向」、「コスト意識の重視」を強調する評価が求められていることが現代的特徴の一つでもある。

　計画づくりや評価では、いくつか問われるべきことがあるが、もっとも重要なものは、だれが、どのような目的のために評価するのかという論点である。

　第1に、「だれが」、という主体論をめぐる点でいうと、委託事業の制度設計では、具体的な事業を計画・実施するのは民間で、これを行政が評価して質を管理するという関係となっている。この図式では、計画するものと評価する機関とは別々であり、しかも、結果として行政の権力を強化する構図が浮かび上がる。

　第2に、「どのような目的」で評価するのか、という目的論である。NPM型の評価では、結果重視の評価と管理がすすめられる。その評価によって、予算や資源が配分されることになる。あるいは、事業を継続するか、中断するかが決められる。これは「いい試合をするよりも、何をしてもいいから勝て」というような強制として機能することを意味する。これこそが「行政権力の強化」の基盤でもあることはいうまでもない。

　これらの評価をめぐる現代的特徴と、〈まちづくり〉の実践とを関連させて考えてみよう。計画と評価のなかで市民は、どのような位置を占めるべきなのだろうか。事業に参加はするが、その活動を評価される対象になるのだろうか。それとも、「事業仕分け」の最終的な権力的判定者になるべきなのだろうか。結論からいえば、そのどちらでもない。

　まず、事業の特質を考えてみる必要がある。〈まちづくり〉の活動は、行政だけでなく、民間事業者や、なによりも市民とのコラボレーションが不可

欠であろう。財政的に支援する者（行政や民間助成財団など）、事業を実施する者、そして受益者でもある市民が協力し合わないと成り立たない性格をもっている。ここに施設を管理するだけの委託事業の評価のようにはビジネス・モデルがなじまない社会福祉、社会教育事業評価の特殊性があるといえる。行政だけが、最終的な判定者になることは許されない。したがって、参画型、協働型の計画・評価の手法の具体化が求められる。

　もう一つ、結果重視の評価という点である。これもまたビジネス・モデルの特徴であるが、効率性をみるべく費用対効果の検討（費用・便益分析）がもっとも大切な点検の課題となる。ここで評価論の基本を確認することが大切である。つまり、評価には、①プログラムの進行を管理し、それを改善するという役割と、②委託者・利用者・市民に対して説明責任を果たすという２つの役割がある。事業を実施する実践者や市民の立場からいえば、「結果」も大切だが、プロセスがより大切である。なぜなら、関係者の信頼関係を育み、よりよい事業をつくりながら、継続的に取り組みをつづけるのが〈まちづくり〉の課題だからである。

　参画型の計画づくりでは、参加のなかで市民は行政職員や専門機関の職員と同じ権利と責任を分かち持つことが大切な点である。つまり、PDCA（Plan→Do→Check→Action）のすべての段階で権利と責任を果たすことが求められる。むつかしくいうと、アクティブ・シティズンシップを育む実践でなければならない。コラボレーションというと実行段階だけがクローズアップされるが、大切なのは、協同のプロセスとして計画と評価が取り組まれ、実施されることなのである。

**創発的協同の条件――「公共空間」をつくる**

　では、計画・評価における協同をどのようにつくるのか。その基本的な点を押さえておきたい。第１章では、より生産的な協同を「創発的協同」と呼び、以下の条件が必要であると説明してきた。

　　①局所的な正誤判断をすることがむつかしい課題であること。つまり、〈真なる問い〉を追求すること。

②協同行為に参加したすべての人たちにとって、その活動のプロセスが相互に見えやすいということ。
③参加者の相互関係が多様性をもち、かつ平等で、開放的な関係であること。

　ここから、計画づくりや評価をすすめる際の基本的な視点が浮かび上がってくる。留意すべきこととしてまとめると、まず、創発的協同の視点からいうと、計画と評価をめぐる議論の場が、その活動の実施に利害をもつすべての人びと（ステークフォルダーという）、できるだけ多様な関係者が自由に意見を交わすことのできる「公共空間」とならねばならない。この点は、いうまでもなく、だれが計画をつくり、評価をするのかという論点に対する回答である。
　ところで、「公共空間」とは、どういうことだろうか。かつて、「公共空間」を次のように定義したことがある（社会教育・生涯学習辞典 2012）。

　　公共空間とは、私たちの社会生活のなかで公私の境界をめぐる複数の価値や意見の間に生成する「言説の政治」が行われる空間をいう。その特徴は、①すべての市民がアクセスしうること、②複数の、異なる価値や意見が生成しうること、③人びとの間にある事柄、人びとの間に生起する出来事への関心がこの空間をつくるということである。それは制度や組織ではなくて、絶えず創造され、流動し、ときに消滅するゆえに、関係概念としてとらえることができる。

　何か、むつかしい表現であるが、要は、共通の問題関心で集まった人たちが、自由闊達に、かつ多様な意見を交換することのできる〈言説の空間〉ということである。今流にいえば、〈熟議の場〉をつくるということになる。この点でいうと、自治体レベルの計画をつくる審議会への市民参加は重要ではあるが、いかに限定されたものであるかがわかるであろう。そこでは市民が検討委員会や協議会に参加して委員として意見を反映させるということが市民参加の一般的形態として想定される。それは重要な参加の形態ではあるが、しかし、一部の実践を除いて、S. アーンスタイン（Arnstein 1969）のいう、形式的参加の段階にとどまっているといえるのではないか。だからこそ、より

実質的な参加のすすめ方が模索されているのである（平野2008、高橋2003）。

　審議会という参加の機会の重要性を認めるにしても、その限界を認識し、より市民に開かれた参加機会をつくる必要がある。そのための構想として、自治体レベルの計画を論じるだけでなく、個別の実践プログラムへの参画から、地区レベルの計画への参画、そして、自治体レベルの計画へと積み上げる重層的な参加の仕組みが考えられるべきである。なぜなら、参加をすすめる上でもっとも大切なのは、その機会へのアクセスだからである。一部の専門家、一部の住民だけが参加することを当然視しているようでは、福祉に対する市民的理解を育むことはできない。身近な参加の機会をとおして、市民も計画づくりへの主体的参加のリテラシー（能力）を育むことが可能となるからである。この点は、学びとしての計画への参加を論じる際に大切な点である。個別のプログラムへの市民の参加は重要な学びの機会である。

　しかし、この空間をつくることは、それほど容易なことではない。先のフレーズにつづけて、わたくしは「公共空間」論をめぐるH. アーレントやJ. ハバーマスの議論の限界として、次のようにつけ加えている。

　　こうした公共空間論を学習論と接合させることも可能であろう。しかし、次の点に留意する必要がある。①両者の空間論では、討議する主体はすでにそこにあるものであり、参加への意思をもつこと、参加のなかでの学びをとらえるものではないこと、②社会的、文化的、言語的資源の不平等が理論的に捨象されており、人びとは平等・水平的関係のなかで「話すこと」「耳を傾けること」＝学ぶことが想定されていること、③公共空間を国家や資本などの外部に置き、それらの権力や支配的言説に対抗する公共空間の意義を十分とらえられていない、ということである。公共空間は、「公私の境界」をめぐる政治的交渉の場であり、そこに学びを育む空間としての意義がある。

　このように、実践では、いかに参加の意志を育むのか、参加者間のパワーの不均衡があるなかで、自由闊達な意見の交換がおこなわれる熟議の「空間」の場をどのようにつくるのかが問われ、また、協同の空間として運営することのできる専門的な支援が求められる。

**実践への参加としての学び**

　これまで熟議の場をつくる側面を強調してきたが、市民の参加への意志や意欲を育み、かつ、それへの参加を学びとするためには、それが「実践の空間」でもなければならない。つまり、ただ議論をするだけではなく計画・評価の全体のプロセスが協同の実践となるように運営をすすめる必要がある。これは学習論でいうと、実践コミュニティへの参加となるような運営である。この理論からいえば、協同行為は、課題の設定、目標の合意、行動計画の策定、実行、その評価という諸階梯をたどるのであるが、この課題の解決へ向けた「正統的周辺参加」（わかりやすくいうと、参加の深まり）をとおして、わたくしたちは知識や技術とともに、実践への関心や意欲、そして責任意識を育むのである。そして、その学びを支援する職員の役割も大切であるということも忘れてはならない点である（高橋 2009）。

　先に、計画・評価のプロセスを参加者の学びの場とするということを述べできたが、それは、学校型の学習、つまり、ただ計画化のプロセスで専門家の講義を聞くとか、計画論や評価論など専門書を読むというような形式化された学びではない。こだわっていえば、学習者をディス・エンパワーメントするいまの「学校」ではないのである。第1章で考察してきたような学習観の転換が求められる。ノンフォーマル・エデュケーション、あるいはインフォーマル・エデュケーションとして、計画をつくるプロセス自体がP. フレイレの課題提起型の学びとすることがめざされる。

## 2　ロジック・モデルとは何か——〈変化の理論〉とプログラム・モデル

**ロジック・モデルの利点**

　ロジック・モデルとは何か。それを紹介するのが本章の課題であるから、その前に利点といってもわかりにくいだろうが、なぜ、ロジック・モデルに注目するのか、ということを先の計画・評価をめぐる論点と関連させて整理をしておこう。結論からいえば、創発的協同をつくる条件を可能にする実践のツールということである。

　第1に、ロジック・モデルは、参加者の議論の結果を図によって示す方法をとる。グラフィック・プレゼンテーションである。議論のプロセスを可視

化することをとおして事業の計画や進行管理から評価までの一連のプロセスをめぐる選択を支援し、また、すべての関係者がアクセスすることを可能とするツールである。

　第2に、ロジック・モデルは計画の妥当性と実行可能性を検討する際に重要となるポイントを明示化する。例えば、ロジック・モデルの中心には〈変化の理論〉があるが、その根拠となる調査研究や理論等を意識化して検討をすることにより、目標実現に向けての活動の妥当性を高めることができる。そのポイントがSMART基準とFIT基準である。

　第3に、ロジック・モデルは、積極的な参画型の学習機会を提供するツールでもある。このツールを使うことによって、わたくしたちを取り巻く状況、解決すべき問題を意識化するとともに、その実践に責任をもち、これに参加することをとおして学びを深めるプロセスをつくる。とくに、実践や、実践の前提自体を批判的に省察するときダブル・ループの学習[1]に結びつく。

　第4に、ロジック・モデルをつくること自体が協同の実践であり、かつ協同の学習のプロセスだが、さらに、これによって関係者間の信頼関係を育む契機となる。つまり、計画・評価のプロセス自体が、わたくしたちのソーシャルキャピタルを豊かにする実践ともなるのである。

　蛇足だが、助成金を申請するような場合、実践の必要性、その内容、そして成果を明確化して示すことができるので、NPOなどの活動資金の獲得のための有効なツールとしてもよく使われる。これがアメリカでロジック・モデルが脚光を浴びている理由の一つでもある。

　いずれにしても、これらの利点については、後の説明と実際に使うことによって実践的に理解してもらうことがよいだろう。


### 〈変化の理論〉の構成

　ロジック・モデルでは、2つのロジックを描く。〈変化の理論〉モデルとプログラム・ロジック・モデル（以下、プログラム・モデルという）である。〈変化の理論〉は概念的であり、プログラム・モデルは操作的と言われる。比喩的にいうと、〈変化の理論〉はプログラムの骨格をつくるものであり、プログラム・モデルは、この骨格に筋肉や血管などの細部を積み上げて全体をつく

```
    Do              Get
  ┌──────┐   ┌─┐   ┌──────┐
  │ 戦 略 │   │ │➤ │ 結 果 │
  └──────┘   └─┘   └──────┘
```

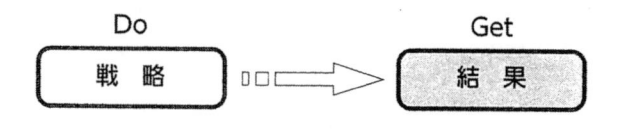

図5-1　〈変化の理論〉モデル

りあげるものである。まず、〈変化の理論〉モデルについて少し説明をしていこう。

この〈変化の理論〉モデルをもっとも単純に図示すると、次のように表現できよう。

図5-1は、意図する「結果」(目標＝インパクト)を実現するために、どのような「戦略」を選択するのかという関係を示している。「戦略」とは、意図した「結果」を実現するために最適な活動が何かを選択することを意味するが、それが「戦略」といわれるのは、選択が何らかの根拠にもとづいてなされるからである。つまり、何を実践するのか、どういう目標であるのかということを記述する。これに対して「結果」は、「戦略」による効果を表現するものである。つまり、わたくしたちが「行うこと」から「えられるもの」である。

ほとんどのプログラムは、実際には、より複雑な構成をもつ。いくつかの「戦略」が特定の順序で行われ、それらが相互に結びついて「結果」をうみだしていく。例えば、健康づくりのプログラムでは、次のような〈変化の理論〉が描かれるだろう。つまり、健康づくりには「運動」が必要であり、それだけではなく「栄養改善」とか、「ストレスの低減」などが効果的だと考えられる。

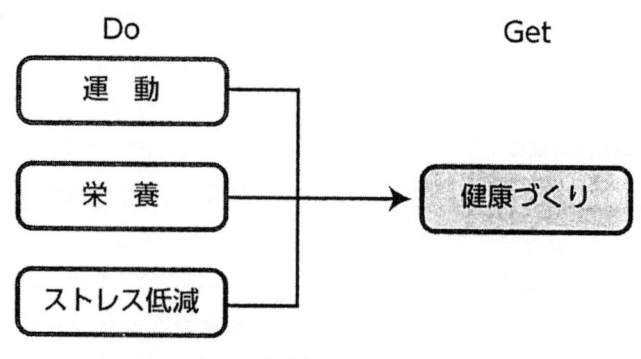

```
    Do                        Get
  ┌──────┐
  │ 運 動 │──┐
  └──────┘  │
  ┌──────┐  │    ┌──────────┐
  │ 栄 養 │──┼──➤│ 健康づくり │
  └──────┘  │    └──────────┘
  ┌──────────┐ │
  │ストレス低減│─┘
  └──────────┘
```

図5-2　健康改善の〈変化の理論〉

したがって、**図5-2**のように表わされる。

### 〈変化の理論〉と仮定

いま、「効果的だと考えられる」と書いた。このように「戦略」を選択する際に、わたくしたちは、自分たちが「そうだ」と信じていることにもとづいて判断をしていることに留意する必要がある。つまり、「仮定」しているわけである。〈変化の理論〉をつくり、それを改善するうえで、どのような「仮定」にもとづいているのかということに自覚的であることが大切である。しかし、この「仮定」の存在を意識することなく、慣習的に前例が踏襲されつづけることが少なくない。その結果として、ドグマとはいわないまでも、希望的観測にもとづいて選択することによって、効果の薄いプログラムになってしまったり、方向を誤る危険が存在している。逆に言うと、妥当性や実行可能性を高めるためには、自分たちがどのような「仮定」にもとづいて選択をしているのかを批判的に吟味してみることがポイントである。次のような問いをめぐり検討することが妥当性を高めることに結びつく。あなたが「目標」の実現のために選択した「戦略」は妥当なものだろうか。どのような根拠にもとづいているのか。あなたの「戦略」の選択は「調査研究」にもとづくものなのか、あるいは「先進事例」があって、すでに確かめられている実践なのか。「理論」によるものであるか。ロジック・モデルでは、こうした検討の必要性が強調されている。

市民参加や市民が中心に計画づくりをすすめる場合に、この「仮定」の検討の段階で専門的な知見にもとづくアドバイスを受けることも有効であろう。コミュニティワークを実践する専門職の力量として、すぐれた実践事例の情報によく精通し、調査研究報告や理論をしっかり学ぶことが大切な理由はここにある。後の実践でも紹介されるように、健康づくりの実践であれば、保健師などの専門職の方々の社会疫学の知識を重要な情報源として活用できる。

### プログラム・モデルとは何か

次に、プログラム・モデルとはどのようなものかを示してみよう。ロジッ

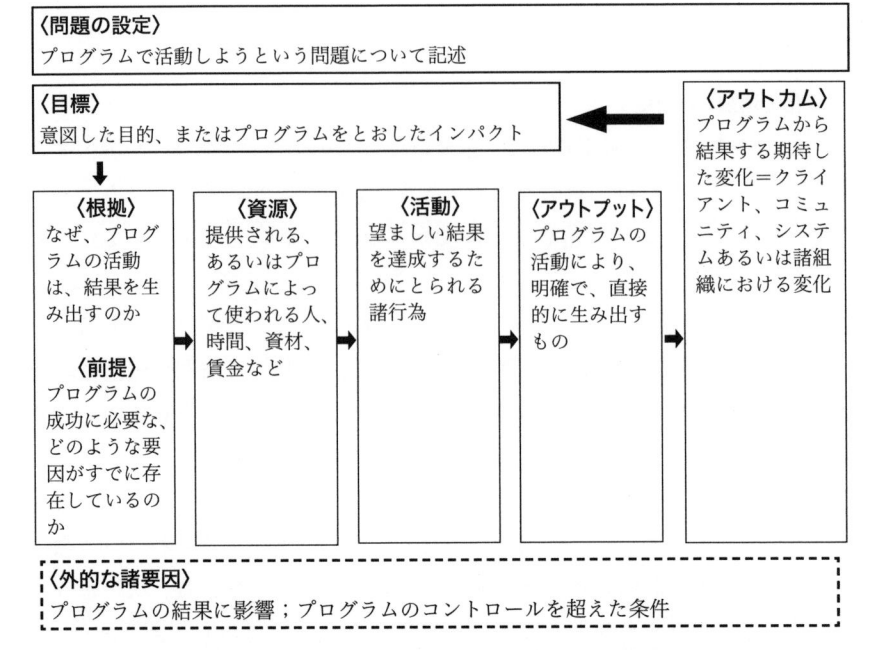

〈問題の設定〉
プログラムで活動しようという問題について記述

〈目標〉
意図した目的、またはプログラムをとおしたインパクト

〈アウトカム〉
プログラムから結果する期待した変化＝クライアント、コミュニティ、システムあるいは諸組織における変化

〈根拠〉
なぜ、プログラムの活動は、結果を生み出すのか

〈前提〉
プログラムの成功に必要な、どのような要因がすでに存在しているのか

〈資源〉
提供される、あるいはプログラムによって使われる人、時間、資材、賃金など

〈活動〉
望ましい結果を達成するためにとられる諸行為

〈アウトプット〉
プログラムの活動により、明確で、直接的に生み出すもの

〈外的な諸要因〉
プログラムの結果に影響；プログラムのコントロールを超えた条件

**図5-3　プログラム・ロジック・モデルの諸要素**

ク・モデルでは、プログラムの詳細を**図5-3**のように図によってわかりやすく示す。

　このようにプログラム・モデルとは、実践プログラムの具体的な内容を示したものである。〈変化の理論〉が、「戦略」と「結果」の基本的関係を示すとすれば、プログラム・モデルはより操作的に、どのような「資源」を使い、どのような「活動」を、いかなる条件のもとで遂行し、何を「結果」として獲得するのかを示す。それらは、「資源」、「アウトプット」「アウトカム」（短期・中期・長期のアウトカム）、「インパクト」などの諸要素により構成されている。

　**図5-4**は、〈変化の理論〉モデルとプログラム・モデルの基本要素との関連を説明している。〈変化の理論〉・モデルは、プログラム・モデルの文字通り基礎である。なぜなら、それが妥当性をもつことにより、プログラム・モデルの知的な厳格さが確保されるからである。

　「戦略」は、「結果」を達成するために必要な「資源」、「活動」そして「アウトプット」を反映する。「結果」は、「インパクト」をとおした長期にわたる「ア

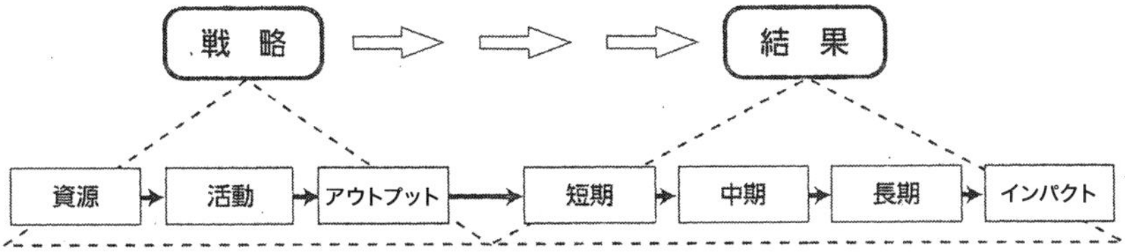

**図5-4 プログラムと〈変化の理論〉との関係**

ウトカム」の連鎖を表現するものである。このうち、「アウトカム」は(個人にとっては)、ターゲットとする対象者たちの認知、知識、スキルあるいは行動の前進的な変化としてとらえられる。また、組織やシステムのアウトカムが考えられる必要がある。

ここで注記したいのは、〈まちづくり〉における「インパクト」は長期にわたる継続的な事業であり、2、3年という実施期間で地域社会レベルでの変化を実現することはむつかしいとい点である。まちづくりは短期の建設事業ではない。ここで大切なのは、短期のアウトカムが中期のアウトカムをもたらし、その実現がやがては「インパクト」の方向へと結びつく関連についての理解を関係者たちが共有していることなのである。

社会教育の領域の公民館の事業は、合唱やダンスや絵画など、一見すると、個人の趣味や娯楽だけのように思えるが、そこで育まれる参加者相互の信頼関係やネットワークが、〈まちづくり〉を支えるソーシャルキャピタルの基盤であることが理解されるべきである。

**「仮定」と「投下量」**

〈変化の理論〉が全体像の概略を示すのに対して、プログラム・モデルは、より綿密、より詳細な操作可能なレベルへと具体化をすすめていく。つまり、どのような「資源」を使い、どのような「活動」を、どのくらいするのか、それが何を産みだすのかを具体的に特定する。

ここで重要なことが3つある。第1に、「戦略」は具体的な「活動」として計画されるが、既述のように、明示化されていないにしても、そこには「仮定」が含まれているということである。この関係をくり返し吟味することが効果

的なプログラムをつくるうえで欠かせない。

　第2に、〈変化の理論〉で示された各戦略は、活動のレベルにまで具体化される。例えば、戦略として「運動」が選択されるとすれば、「活動」としては「身体運動(体力・持久力を高める)」、「教育プログラム」そして「アセスメント」から構成される。例えば、介護予防であれば、まず、事前と事後のアセスメントをしておくことが効果を確認するうえで不可欠だろう。また、基本的なレクチャーもなく闇雲に「運動」をすればいいわけでもない。〈変化の理論〉では、この他に「栄養管理」や「ストレス低減」などが含まれていたが、これらがさらに操作化され、それらから構成される包括的なプログラムがつくられる。

　第3に、プログラム・モデルでは、「投下量」(回数・タイプ・強度や期間など)や「質」も特定化されねばならない。この投下量は、プログラムの効果という点からみて単純だが実に重要な概念である。すぐわかるように、たった1回の運動で健康が維持できるわけはない。投下量が少ないと、まったくといってよいほどインパクトをもたないという結果になりかねない。短時間であっても、ある程度の負荷を持つ運動を継続することが体力の維持には必要とされることは「調査研究」から明らかである。要は、意図したアウトカムを実現するのに十分な量の活動をするようなプログラムをデザインすることである。

### 計画づくりの手順

　では実際に、プログラム・ロジック・モデルをどのようにつくるのか。その手順を具体的な実践事例をまじえて解説してみよう。

　先の第4章では、プログラム・デザインのサイクルを次のように確認した。①問題の明示化と認識の共有、②めざすべき目標の確認、③手段の選択＝戦略の立案、④事業の実施と評価である。これはロジック・モデルの手順の一つの考え方である。それはこれから説明するATMアプローチと同じ考え方である (Reger et al, 2002, 2006)。ATMアプローチでは、①計画をつくる前に「先行条件」(Antecedent Condition)、つまり、対象となる問題とその原因を明らかにする段階、②対象と戦略を絞り込む (Targeting) 段階、③結果としてえられる成果を評価する (Measurement) 段階という3つの階梯をとおして計画化をす

第5章 参画型まちづくりの計画と評価　111

```
         Do                                      Get
        ┌───┐                                   ┌───┐
        │戦略│                                   │結果│
        └───┘                                   └───┘
  ┌──┐  ┌──┐  ┌────┐    ┌──┐  ┌──┐  ┌──┐  ┌────┐
  │資源│→│活動│→│アウトプット│ → │短期│→│中期│→│長期│→│インパクト│
  └──┘  └──┘  └────┘    └──┘  └──┘  └──┘  └────┘
  Step4  Step3   Step5         Step2             Step1
```

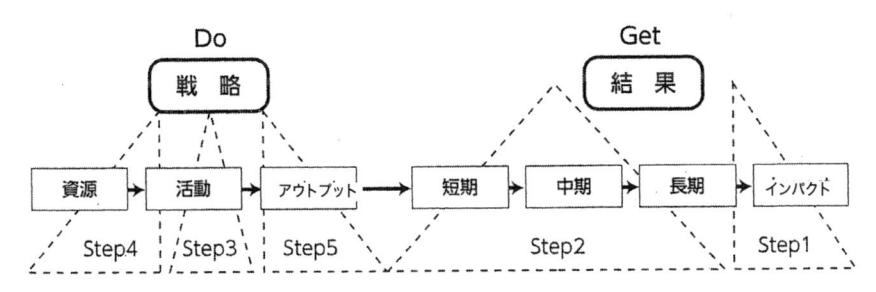

**図5-5　プログラム・ロジック・モデルをつくる諸段階**

すめることを提唱している。

　ATMアプローチの2つの段階、すなわち、問題の明示化と目標の共有、そして、評価のすすめ方の具体的な手順は後に詳しく説明するので、ここではロジック・モデルの中核的な2つのモデルのつくり方を確認しておきたいと思う。これについても、いろいろな主張があるが、ここでは標準的な手順をみてみよう。Knowltonたちは（Knowlton & Cynthia 2009）、プログラム・モデルをつくるステップを図5-5のように示している。

　実際の実践の手順とは逆に、結果からさかのぼってプログラムの構成要素を確定していく。この図では、まず、考えるべきは「インパクト」である（Step 1）。次に、この最終的な「インパクト」に結びつく「アウトカム」をそれぞれ時間的な流れに沿って考えていく（Step 2）。通常、「短期のアウトカム」は参加した人たちの知識や技術の向上、参加への満足感などがめざすべきものとなる。この「短期のアウトカム」があれば、次には「中期のアウトカム」に結びつくものは何かを考えていく。例えば、参加する人が増大するなど、具体的な行動になって表れるものがめざされる。そして次に、自主的に市民が推進する組織や体制の確立などシステム的な成果が「長期のアウトカム」となるであろう。

　次に考えるべきは「戦略」の操作化である。まず、どのような「活動」をするのかが確定される（Step 3）。先に記したように、ここで考慮すべきことは、〈変化の理論〉として妥当性があるものかどうかということである。それらは「調査研究」、「先進的実践事例」あるいは「理論」にもとづくものであるかどうか、専門的知見を含め検討することが必要となる。次に、その「活動」

を実現するために必要な「資源」である（Step 4）。このプログラムにどのような人的資源、資金、施設などが活用できるのか。必要であれば、新たなネットワーク化を図るなど、資源を開発することも考えることになる。そして最後にくるのが「アウトプット」である（Step 5）。これは講座であれば、何回の開催数となるのか、だれが、どのくらいの人の参加を見込むのか。広報であれば、チラシを何部くらい発行して配布するのか、こうした詳細を確認していくことになる。これは、後にみる FIT 基準により吟味される。

　基本的には、「結果」からはじめて、それを実現する手段を探るという手順となっている。これらの実際の ATM アプローチにもとづく手順を具体的な実践事例をとおして説明していきたい。

## 3　〈健康のまち〉づくりの実践

### プロジェクトの概要

　ここで紹介するのは、仙台市宮城野区鶴ヶ谷地区の健康のまちづくりプロジェクト事業の一環として取り組まれた「健康づくり講座の企画ワークショップ」の事例である。「健康づくりに効果的な運動、交流、趣味の充実など多様な視点のもと、住民自身が住民ニーズに基づく事業を企画し、市民センターをはじめ地域の集会所など身近な場所で実践できるようにする」（事業企画書より）ことを目的にしている。約一ヵ月間、毎週2時間4回のワークショップとして開催されてきた。

　プロジェクトは、以下のようなことを背景にしている。鶴ヶ谷地区は1968年に、当時東北最大のモデル団地として仙台市によって開発がすすめられたが、それ以来40年を経て、団地の老朽化と高齢化が進行し、高齢化率は約34％（仙台市18％）に達している。大きな規模の市営住宅もあって、経済的にも厳しい一人暮らしの高齢者の比率が高いことも特徴となっている。全世帯数10,641世帯のうち3,507世帯、実に33％ほどが単身世帯である。この地区は、3つの地域包括支援センターにより管轄地区が分断されているが、早くからの仙台市の働きかけをとおして、地域づくり意識が高く、各町内会、老人クラブのほか、各種の福祉諸団体などによる地域福祉活動も比較

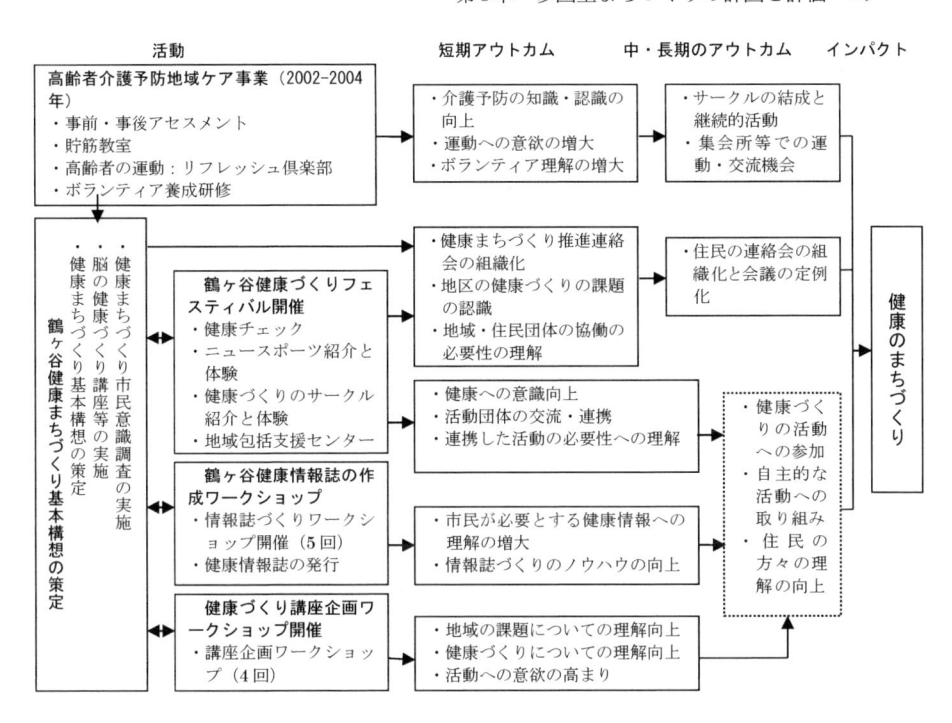

第5章　参画型まちづくりの計画と評価　113

**図5-6　健康のまちづくりプロジェクト—ロジック・モデルによる整理**

的活発な地区である。

　鶴ヶ谷地区における、これまでの健康のまちづくりの実践のうち行政が主体になったプロジェクトだけをあげると、**図5-6**のように整理される。

　この図にみるように、2002年から「鶴ヶ谷プロジェクト」がはじめられ、仙台市宮城野区障害高齢課、家庭健康課など複数の行政部局が連携して、かつ東北大学、東北文化学園大学などの協力も受けながら介護予防と、より広く健康のまちづくりをすすめていることがわかる。この講座をとおして結成された介護予防の運動サークルであるリフレッシュ倶楽部をはじめ、集会所など身近な施設で継続的に介護予防活動がおこなわれてきた。2009年度からはじまるプロジェクトでは、まちづくり推進課が加わり、ここが中心となって「健康のまちづくり」に向け、それを住民主導で推進する組織体制の構築（健康まちづくり住民懇話会など）と、それを担う人材の育成のための事業（「情

報誌づくり」「講座企画ワークショップ」)がすすめられている。このワークショップを取り上げてみたい。

### 第1回：問題を確認する

プログラムをつくるステップの第1は、問題分析である。地域の抱える問題を明らかにするとともに、その解決をめざすべき「目標」を明確化することが課題となる。

ここで会議の運営をすすめるスタッフが考えておくべきことは2つである。第1に、先に述べたように、「公共空間」をつくるということである。まず、立場の異なる関係者が一堂に会する機会をつくる。ロジック・モデルの方法論では、問題分析と目標設定にあたって関係する行政などの機関のスタッフ、町内会の役員、民生委員、住民の方たちが参加して協議をすすめることを提案している。当事者や住民たちは生活者の視点から、行政機関（保健師・行政職員など）あるいは社会福祉の専門職などは行政の立場や専門家の視点から、それぞれ会合に参加する。

第2に、自由闊達に意見が表明され、かつ、それが尊重されつつ合意が形成されるということである。みんなが対等な立場で参加し、意見を交換するなかで問題は共有されるのである。とはいっても、会合で一般の市民の方々が、いわゆる政治力をもつ住民とか、専門家を前にして自由に意見を表明することはそれほど容易なことではない。つまり、〈場〉における権力の問題がある。例えば、ここで社会教育の手法では、ポストイット法が使われる。つまり、あらかじめ短冊の用紙に自分の考えを記入して、これを順番に発表するというすすめ方である。影響力のある人が先に発言すると、次の人まで「同じです」と自分の意見を変えてしまうことは教室でもよくみられる。こうしたパワーをコントロールするのである。ワークショップでは、多様な意見が出るようにするファシリテーターの役割も重要である。

具体的な手順を紹介しよう。まず、参加者によく考えてもらうことが大切な点である。ここで鶴ヶ谷地区の基礎データを準備して提供している。

① 〈健康のまちづくり〉という視点で鶴ヶ谷地区をもういちどふり返る。

□　この鶴ヶ谷地区はどのような特徴をもっていますか。
　　　□　何が、この鶴ヶ谷地区の〈問題〉だと思いますか。
　　　□　どんな鶴ヶ谷地区にしたいと思いますか。

　次の段階がKJ法（あるいはカードトークということもある）によるワークショップである。参加者に配布した文書を掲載してみよう。

②鶴ヶ谷地区の〈健康をめぐる問題〉とは何か、を考えてみましょう。
　　　□　まず、グループのなかで「整理の係」と「報告する係」の人を決めてください。
　　　□　各自シートに鶴ヶ谷地区の〈問題〉と思うことを文章として書いてみてください。4枚ほど書いてください。
　　　□　4枚のなかから3枚だけを選んで、一人ずつ順番に「皿」の上に読みながらだしていきましょう（わからないことがあれば、質問をしてみてください）。メンバーの方たちのなかで同じようなことを書いている方は、そのシートを同じ「皿」の上に並べてください。
③〈問題〉の相互の関連を考えてみましょう。
　　　□　この「皿」のつながりを考えながら模造紙に配置してください。〈関係〉を矢印等でつないでみてください。関係の意味をメモとして書いてもわかりやすくなります。
　　　□　〈問題〉の原因となることを考えてみてください。グループでいいとなったら、それも模造紙に書き込んでください。
④成果を共有してみよう。
　　　□　各グループの発表をしてください。質問や補足の説明をしていただいても結構です。
　　　□　最後に、今日の感想をだしていただき終了である。

　こうしたワークショップを経て、図5-7のように「健康のまちづくりの課題」がまとめられた。このうち、「ひとり暮らし高齢者の増加」「高齢化の進行」は、この地区の構造的な変化である。それ自体は地域の成熟化という側面をもつが、世代構成のゆがみや高齢化の進行によって〈健康づくり〉という視点から見て、いくつかの問題が惹起していると考えられている。
　それらの問題を整理すると、生活問題そのものは、①「ひきこもり・外出できない」、②「日常生活の困難」な人たちの存在である。こうした問題が

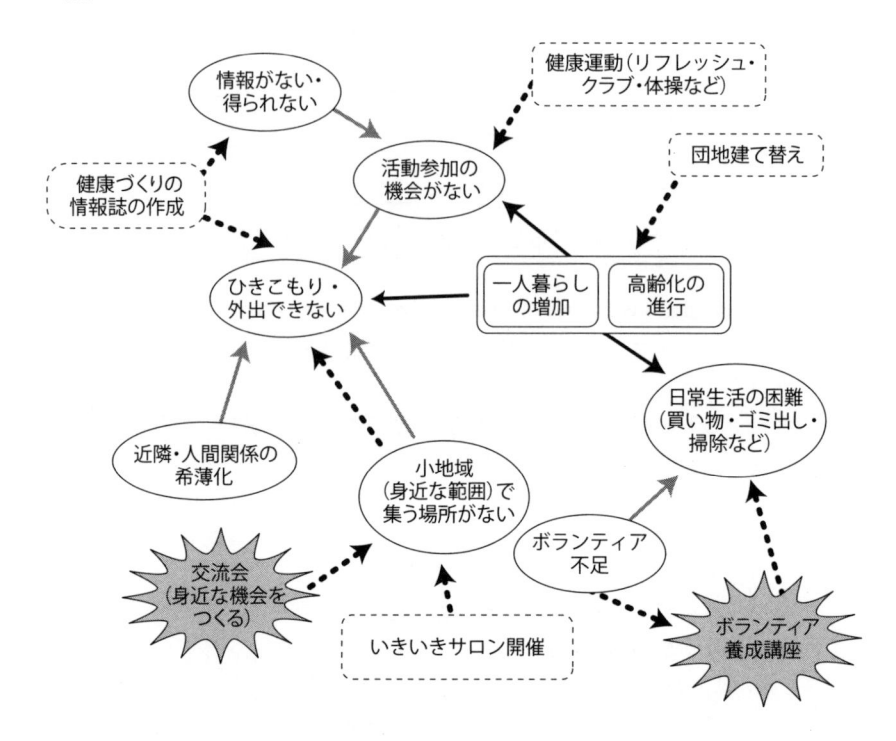

**図5-7 鶴ケ谷地区の健康づくりの課題概念図**

生じる原因としてあげられた課題が、「情報がない・えられない」、「活動参加の機会がない」、「近隣・人間関係の希薄化」、「小地域で集う場所がない」、そして「ボランティア不足」という関係としてとらえられる。

運営をするうえで大切な点は、参加者の一人ひとりが自分の意見をはっきりと表明すること、それに対応して、他の参加者が「傾聴する」ことである。これによって参加者たちの間に相互承認と相互理解が育まれる。

**第2回：目標を共有する**

第2のステップは、この問題を解決することによって、どのような健康のまちをつくるのか、その「目標」をつくるという課題である。

「目標」を考えるときに、前回だされた問題状況に即して考えることがポイントである。そもそも「問題」とはどういうことだろうか。一般的に言うと、

図5-8 「目標」の考え方

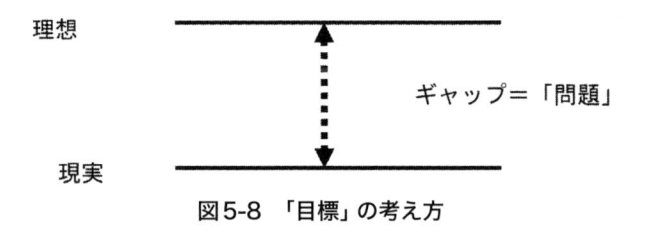

「問題」とは「目標」とする理想と「現実」との乖離ととらえられるから、「目標」は先に共有された「問題」の内容から抽出することができる。したがって、あまりにマニュアル化されるべきではないが、「問題状況」を反転させることにより「目標」を考えることができる。

「健康づくり」であるから、まず、「身体的に病気でないこと」と考えることができよう。しかし、それだけではない。前回のワークショップでだされた問題認識からすれば、いわゆる医学的な側面だけではない。「それだけではない」とすれば、何が健康づくりの要素となるだろうか。こう考えてでてきた意見を列挙すると以下のように整理できる。

1. スポーツや文化活動など社会的活動に参加すること。
2. 友人や近隣の住民たちとの交流があること。
3. 精神的に安定して、充実した生活が送れること。
4. 日常生活を送ることができること。

先にみた鶴ヶ谷地区の健康づくりの課題を解決することが「目標」に近づくことに直接結びついている。そして、参加者みんなでつくりあげた、この「健康のまちづくり」の「目標」は、WHO（世界保健機関）の健康の定義そのものでもあることが確認できる。WHOの定義は以下のようである。

> Health is a state of complete physical, mental and social well-being and not merely the absence of disease or infirmity.（健康とは、完全に、身体、精神、及び社会的に〈よくあること〉を意味し、単に病気でないとか、虚弱でないということではない。）

健康であるということは、単に医学的意味で病気や虚弱でないというだけではない。身体の体力値が高く、知的には適切な教育を受け、社会的（家族、

地域社会、職場)には豊かな人間関係があり、精神的にも安定している状態(精神的健康・社会的健康・身体的健康のバランスが取れた状態)なのである。さらにいえば、健康という問題は、個人的なものとしてとらえられやすいが、実は、彼らとわたくしたちとの関係の問題であり、かつ、わたくしたち自身の地域生活のあり方をめぐる問題という視点からとらえ直される。

したがって〈健康のまち〉をつくるための事業としては、多様な切り口が考えられるということにもなる。これを絞り込むのが次の段階である。

### 焦点を定める

次のステップは、「目標」を実現するために何をするのか、という戦略の選択である。多様な可能性が存在するが、そのなかから選択する段階である。この選択に当たってカギとなるのは、以下のような一連の基準である。

1. 重要性：その問題にねらいを定めることが、あなたの機関の使命に合致しているか。
2. 変革可能性：先行する諸条件は、変えうる可能性をもっているのか。
3. 妥当性：あなたが選択した戦略は、「目標」を実現するうえで十分な根拠をもっているものか。
4. 実行可能性：あなたが利用できる資源で実現可能かどうか。

鶴ヶ谷地区の事例では、まず、地区が抱える問題の解決のためにすでに実践されている事業を確認することからはじめてきた。つまり、あまりに重複することのないように、既存の実践をふまえて選択することが必要となる。

確認されたのは、すでにたくさんの事業が行われていることである。例えば、介護予防の事業としてはじめられたリフレッシュ倶楽部の活動が集会所を会場に8ヶ所で定期的にすでに実施されている。「情報がない」という面でも、「健康づくり情報誌」の作成がすすめられ、さまざまな機関や活動クラブの情報もふくめて発行されている(2013年に第3号発行)。「身近な交流の場所がない」でも社会福祉協議会の支援で「いきいきサロン」が行われているなど多様な活動がすでに存在している。

こうした状況を確認しつつ、求められている活動が何かを考えていく。こ

のように多様な事業が開催され、参加の機会があるものの、一人暮らしで、しかも、引きこもりがちの高齢者が少なくないことから、参加していない・できにくい高齢者の方たちとの交流の機会をどのようにつくるのか、ということにねらいを定めて「活動」を組み立てることに合意することになる。いわば、参加の困難な人たちをどうつなぐのか、とういむつかしい課題に取り組むことになる。

### 第3回：働きかけ方を考える

前回までのワークショップで、事業のターゲットは次のように確認された。「一人暮らしで、しかも引きこもりがちな高齢者」、「参加していない・できない高齢者の方たち」との交流の機会をどうつくるのか、ということを考えることになる。

第3回目では、まず、「孤独になる理由」、「閉じこもりがちになる理由」を、認知症の進行から考えていく。病的な物忘れの時期の身近な人たちによる何気ない、しかし、本人たちにとっては自信と自尊心を傷つけるような対応により、「外出が嫌いに、つき合いが嫌いに、買い物が嫌いに」なるプロセスがあること、こうして閉じこもりがちになる。また、社会疫学の知見によれば、家族、地域の人びととの関係を含む社会関係のあり方が健康の決定因子になるということを確認している。もちろん、運動や栄養に気をつけることが大切なことは論を待たないのであるが、まずは、こうした排除された人たちとの絆を回復することが大切である。

こうした確認をした上で、彼らにどう働きかけたらいいのか、これをワークショップで考えていく。ここでも2つのグループに分かれて作業をすすめ

表5-1　対象者にどう働きかけるか

| ①参加しない・できない理由 | ②どうしたらいいか | ③具体的方法 |
|---|---|---|
| 身体が不自由／友達がいない／めんどうくさい／距離が遠い／興味がない／他にやることがある／人見知りだ／時間がない／お金がない／恥ずかしがり屋だ／家族の反対／一人でいたほうがいい／会いたくない人がいる／役をたのまれる／人前で話すのがきらい／メリットがない／いやな思いをする／関心ない／だまされる／入りにくい | ・声かけをする（あなたへのメッセージ）。<br>・参加してみたい内容にする。<br>・健康に有益だということをPRする。 | ・「あなた」への声かけ。<br>・茶話会など気軽に参加できる企画にする。<br>・検診などをいれて健康啓発をする。 |

る。①参加しない理由を考える、②どうしたらいいかを考える、③具体的方法を考える、という3つのワークである。

運営していく上で大切な点は、グループでの対話をすすめる際に、参加者が運営を主導していくことである。司会、報告など、できるだけ平等な機会となるように心がけることも大切な点だ。スタッフの役割はファシリテーター（促進者）である。こうして新しいコンセプトとして、①さりげなく参加できる企画、②一人ひとりを大切にした働きかけ、③参加することが健康に寄与することがわかるような企画がめざされる。

**第4回：プログラムをつくる**

最終回の第4回は、具体的なプログラムをつくるワークショップである。これまでのワークショップで確認された健康づくりの視点からみた地域の課題状況、目標、焦点化をふまえつつ、プログラムの構成要素である、①講座の目的・主な内容・講座名、②共催・連携先、③対象者と対象地域、④開催時期・回数、⑤講師の選定、⑥広報手段・受付方法、⑦予算、そして⑧評価計画の具体的内容をつくっていく。

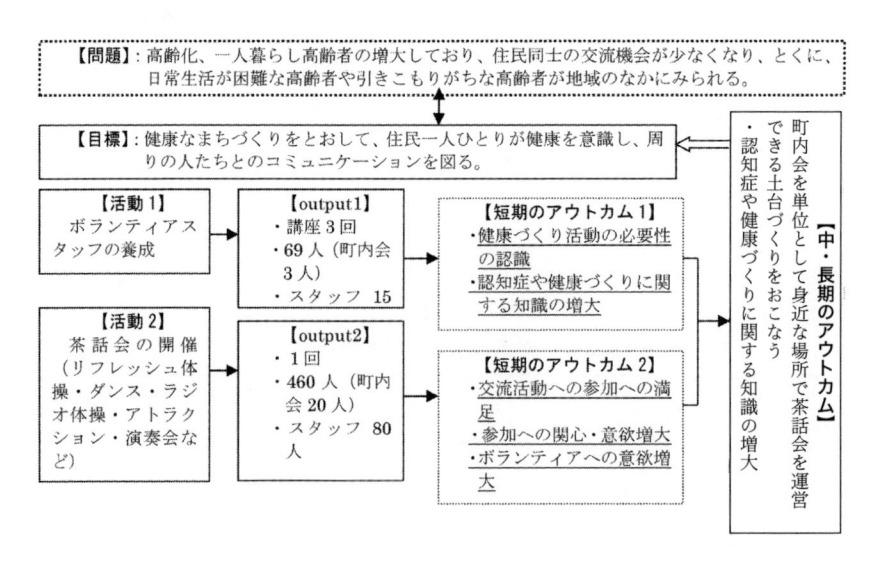

図5-9　鶴ヶ谷地区健康づくり講座企画書（案）

すでに3回のワークショップで課題が明確化されているので、約40分ほどでプログラムができあがった。その内容をロジック・モデルをとおして整理すると、図5-9のようになる。

　この図のうち、筆者が後からいれたところには下線が引いてある。主に、短期のアウトカムが、やがて中・長期のアウトカムへ結びついていくという関係を仮定する部分である。「活動2」の茶話会の開催は前回のワークショップでもでていたが、「活動1」の「ボランティア養成」という課題がすぐでてくるわけではない。ファシリテーターとしての働きかけは、「茶話会を運営する人はどうしますか」と、課題が存在することを示唆するだけである。これを受けて、地域包括支援センターなどの協力をえてボランティア養成の講座をもつことが構想される。講座の内容としては、認知症への理解や、高齢者への声かけ、働きかけなどの理解とともに、運営のノウハウを学ぶ必要があるなどアイディアが交換されている。

　自由で楽しい会話であるが、すでに問題状況や活動の課題についての共通認識がしっかりつくられているので、地区の状況に即した適切な内容がつくられたといえよう。「町内会から3人ずつだしてもらえばいい」など、行政やわたくしたち研究者の立場からはとてもいえるものではない。自治会活動にも参加している住民の方たちの大胆で、実現性をもつ「提案」である。どこに資源があるのか、それをどう動員するのか、それを明らかにする際に、市民参加のメリットの一つが十分に活きている。

### ワークショップの事業を評価する

　最後に、このワークショップの事業の評価である。詳しい評価の方法については、後に説明するので、ここでは最終回におこなった簡単なアンケートの結果を示しておきたい。講座がめざす「アウトカム」は2つ、①講座の企画のつくりかたについての知識・技術を身につけること、②講座づくりワークショップへの参加をとおして活動への興味・意欲を高めること、である。

　図5-10は、CCBの視点をも加味しつつ、ワークショップへの参加によって参加者にどのような「変化」があったのかをいくつかの側面から確認している。関係者がこの評価をめぐり気軽に議論できるようにグラフィック（spider

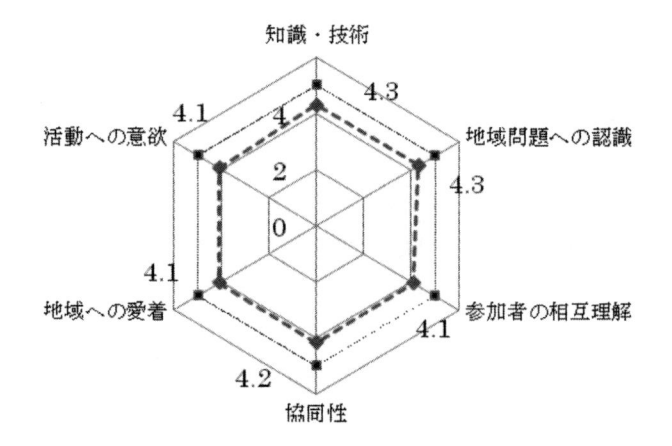

**図5-10　ワークショップの評価**

web graph）で示している。①「企画のつくり方についての知識・技術」、②「地域の状況や問題点への理解」、③「参加者相互の理解」、④「議論の空間の協同性」、⑤「地域への愛着」（CPのコミュニティ意識）、⑥「今後の活動への意欲の高まり」（CPのコミットメント）である。回答を5点満点で集計している。各項目、バランスよく、かつ、肯定的に評価されていることがわかるであろう。

　もちろん、このワークショップだけで、この積極的な効果が定着するわけではないが、「短期的なアウトカム」という点では、十分な成果をあげたといえよう。

## 4　プログラムを改善する──2つの基準で点検する

### SMART 基準

　さて、再びロジック・モデルの説明に戻ろう。こうしてつくられたプログラムは、妥当性と実行可能性という2つの視点から検討され、改善される必要がある。「妥当性」では、「活動が正しいものであるのか」、〈変化の理論〉で述べたような根拠をもつものかどうかが問われる。「実行可能性」では、その活動によって「目標」とするアウトカムが得られるかどうかが確認される。それぞれSMART基準とFIT基準を適用してみることによって基本的な

検討をすることができる。

SMART基準では、計画の妥当性に焦点がおかれるが、そこでは5つの視点で検討をすることになる。

- ◆ 特定性（Specific）：するべきことは何か。行為するのに十分明確であり、アウトカムと結びついています。
- ◆ 測定可能性（Measurable）：内容は量的にも質的にもとらえられます。
- ◆ 行為志向性（Action-oriented）：内容は、認知、知識、スキルそして行動における変化を引き起こすように選択されています。
- ◆ 現実性（Realistic）：内容は妥当性があり、実行可能性もあります。
- ◆ 適時性（Timed）：内容は期間を特定しており、結果に向けての進歩のためにアウトカムの時間による順序を説明しています。

**FIT基準**

テストする第2の方法は、モデルの質を探るためのFIT基準での検討である。FITも英語の頭文字を使っており、それは次のようなことを検討することである。

- ◆ 頻度（Frequency）：発生の頻度。
- ◆ 強度（Intensity）：所与のエフォートの程度または強度。
- ◆ 狙い（Targeted）：特定のマーケットまたは対象者にねらいを定めること。

つまり、FIT基準は、意図した結果をえられるほどの投下量が適切である

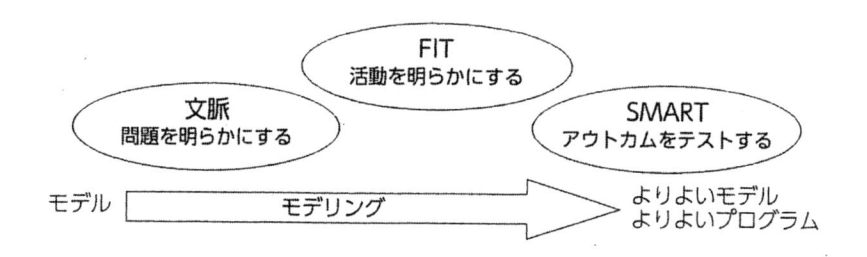

図5-11 質の検討としてのモデリング

かどうかを確認することである。すぐわかるように、量が少なかったり、弱いものであればインパクトをもつことはできない。事業では、わたくしたちが正しい活動を選択しているだけではなくて、介入が適切な深さをもつものであることが大切な点である。したがって、資源が十分確保できること、また目標をはっきりさせて焦点づけることが不可欠である。

## 5　実践の評価をどうデザインするか

### 2つの評価——形成的評価と総括的評価

　最後に、プログラムの実践をどう評価するのか、ということを説明しよう。どのようにプログラムをつくるのかという解説は多いが、いかに評価するのか、職員や、ましてや市民が使えるガイドはほとんど見当たらない。この点で、ロジック・モデルがすぐれているのは、プログラムの計画とともに評価を支援するツールとなる点にある。計画がしっかりつくられれば、自ずから評価計画は容易につくることができる。

　ところで、評価計画とは、だれが、何のために、なにを、いつ、どのように評価するのかを明確にする。これらの諸点をめぐり、以下では、もっとも一般的なレベルでの評価の方法について説明したい。

　まず、2つの評価を区別することが大切である。もっとも基本的なタイプとして、形成的評価（formative evaluation）と総括評価（summative evaluation）があることをおさえておきたい。比喩的に表現すれば、料理をつくるときに、料理人が途中で味見をすることが形成的評価であり、お客が料理を食べて味を吟味することが総括評価である。料理人が味をみるのは、それによって味を調整してより美味しいものをつくることであり、お客はそれを食べて楽しむ（判定する）わけである。

　総括評価は、典型的には、アカウンタビリティのために行われ、意図した結果が達成されたかどうかを決定する。一般に、「わたくしたちは、どのような変化や違いをつくったのだろうか」という質問に対応する。したがって、総括評価では、プログラム・ロジック・モデルの「アウトカム」ないし「インパクト」に焦点をおいて検討することになる。学校教育であれば、学生た

ちの学業成績や学力が向上したかどうかが問題となる。これは単純だが、社会教育や地域福祉の実践は目標そのものが多義的であるからより複雑な判断が必要となる。しがたって、プログラムをつくるときに、「アウトカム」をどれだけ明確化しているのか、それが関係者に共有されているのかどうかが大切な点である。

　これに対して、形成的評価はプログラムを改善することを目的に使われる評価である。一般に、「どうしたら、より効果的であったのか」という質問に対応する。この形成的評価では、まず「活動」と「結果」との両面の関係をみることによって、将来的な改善の方向を探ることにねらいがおかれる。料理人が味見をして、それにもとづいて塩や胡椒を加えて味を調整するのと同じように、プログラムでも成果がどうなのか、それを達成するための働きかけが適切であったのかどうかが批判的に検討される。学校であれば、教師の教え方やカリキュラムが適切であったのか、学生も一生懸命に勉強したかどうかが問われるだろう。したがって、形成的評価では、まず、アウトプットを確認することからはじめるが、それだけではなく、実践のプロセスがどうであったのか、ということが吟味される。

### 評価計画のつくり方

　実践にとって意味ある評価にするために、2つのことを提案したい。第1に、プログラムをデザインする際に、同時に、評価の計画を立てておくことである。第2に、その評価の計画について関係者たちの合意をあらかじめつくりあげておくことである。それぞれ大変なことのようであるが、ロジック・モデルは、これら2つの課題を比較的容易にすすめるツールでもある。

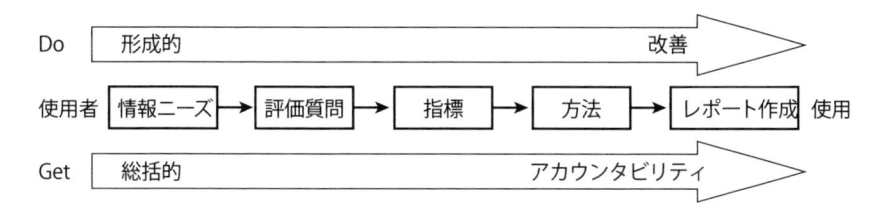

```
Do    形成的                              改善 →
使用者 情報ニーズ → 評価質問 → 指標 → 方法 → レポート作成  使用
Get    総括的                    アカウンタビリティ →
```

**図5-12　評価デザインの要素**

図5-12は、評価デザインの基本要素を示している。評価のデザインでは、まず、評価の目的を特定する必要がある。目的では、使用する意図と、だれが使うのかということが明確にされる。すでに述べたように、形成的評価はプログラムの改善に、総括評価はアカウンタビリティの目的に役立つというように、それぞれ異なる目的をもつのだが、しかしながら、見るように、両タイプの評価は同じデザインの要素をもっている。次に、評価の目的を達成するために必要とされる情報を明らかにする。最後に、その情報ととらえる指標の詳細を考えていく。その指標から、適切な分析のタイプと方法の範囲が決定される。指標の具体的な考え方については後に触れることにしよう。

**評価のポイント**

実践の評価でもっとも大切なポイントとして、まず〈変化の理論〉をめぐる問いがある。例えば、国からいろいろと介護予防のモデルが示さるが、「それは本当に正しいの?」という問である。

「正しいこと」に焦点をおくことは、2つのことを検討することを意味する。第1に、目標自体が、背景となっている問題からみて適切なものかどうかを検討する。いわば前提自体を疑ってみるということである。第2に、わたくしたちが選択した活動が、めざすべき目標を達成するために最良のものなのか、ということの検討である。つまり、他の活動の可能性を含めて改めて批判的に再検討することである。前提自体を批判的に問うダブル・ループの学習のプロセスである。

では、次に、プログラムそのものの評価のポイントを考えてみよう。わた

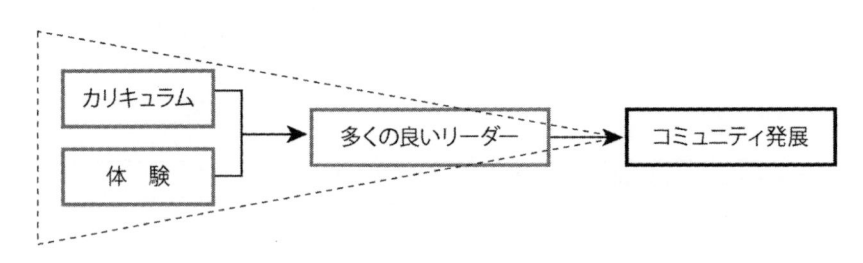

①CLAは正しいことを行っていますか

図5-13　CLAの〈変化の理論〉の問い

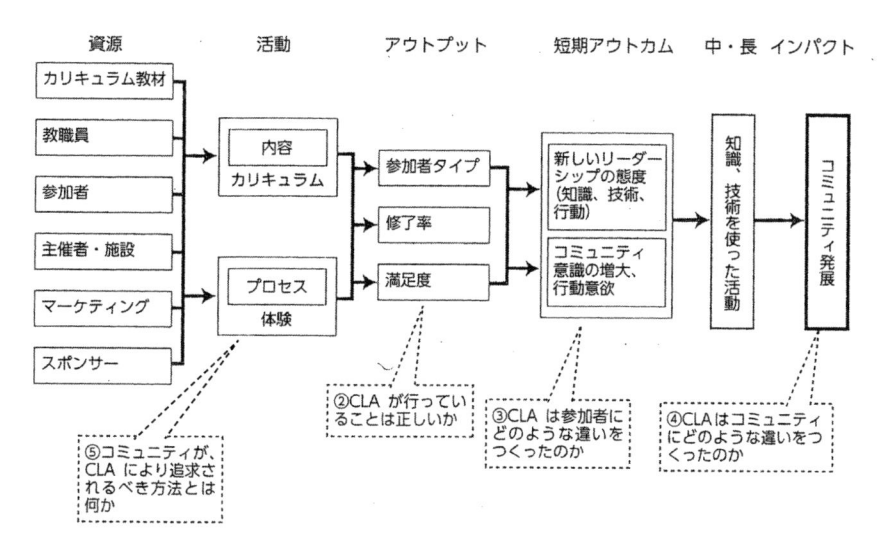

第5章　参画型まちづくりの計画と評価　127

図5-14　CLAプログラム・ロジック・モデル

くしたちはプログラム・モデルとして「資源」から「インパクト」までの仮定された関係をつくりあげてきた。この図に、評価のポイントとなる質問を配置してみたのが**図5-14**である。これはコミュニティ指導者養成講座（CLAという）という事業の事例である。つまり、どこで、どのような評価情報を収集するのかというポイントを示している。

①「CLAは正しいことを行っていますか」という質問は、活動の妥当性を吟味することである。
②「CLAが行っていることは正しいか」では、FITの基準からみて実行したプログラムの「活動」が質的に適切であったかどうかを検討する。
③「CLAは参加者にどのような違いをつくったのか」では、プログラムに参加した人たちの知識や意識における肯定的な変化に焦点をあてている。
④「CLAは、コミュニティにどのような違いをつくったのか」では、プログラムの中心にあるコミュニティの変化である。
⑤この介入とは異なるアプローチがないかどうかを再度検討することである。

これらは、典型的なものだが、社会福祉だけでなく、社会教育やまちづく

りの実践など、さまざまな領域のプログラムに適用可能なポイントである。つまり、汎用性のあるものであり、かつ、より詳細で、より正確な探求の基礎として役立つモデルとなる。

　ここは大切なので、再度くり返すが、意図された目標＝インパクトの内容についてしっかりとした共通理解をつくることが求められる。例えば、コミュニティの発展が何を意味するのか、もしプログラムが成功だとすると、それはどのような結果としてあらわれるのか、ということについての共通理解である。コミュニティ発展とは完全雇用を実現することなのか、芸術文化の発展なのか。効果的な学校なのか、それとも、これらすべてのことなのか。同様に、「健康のまち」とは何か。わたくしたちのワークショップの理解では、たんに病気でない状態というだけではなくて、高齢期にあっても多様な社会的活動や交流に参加し、社会的にも精神的にも豊かな状態ということになる。

### 指標 (indicators)

　評価デザインで問題となるのは、どのように指標をつくるのかということである。それは形式的に表現すれば、「戦略」から「結果」への進歩を「指示す」

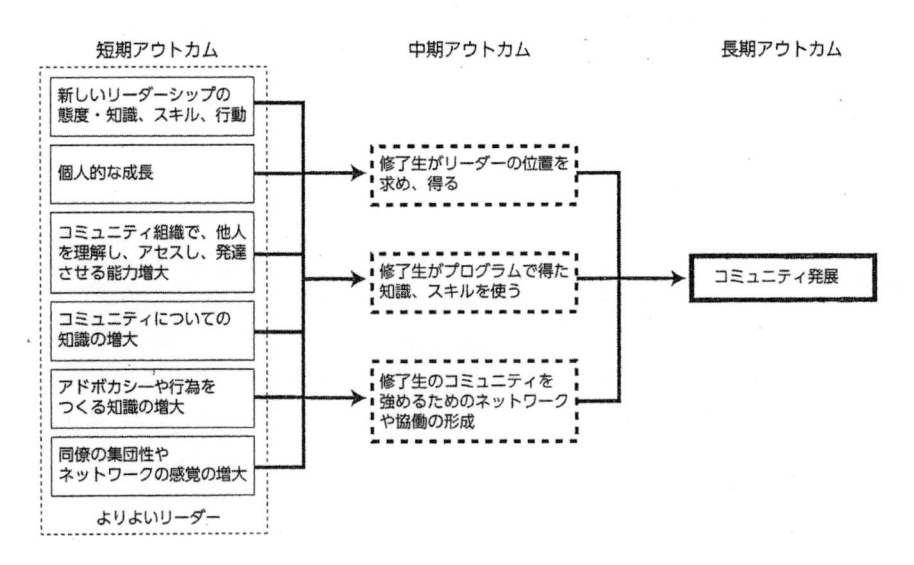

**図5-15　CLAのアウトカム指標**

ことができる証拠をどう表現するのかということである。つまり、実践によって目標に近づいたということをどのように示すことができるだろうか。

評価に2つの種類があるのと同様に、指標にも2つの指標がある。それらは「アウトプット」と「アウトカム」に関係する「進歩」をみる。プロセス指標は、アウトプットに対して、「進歩」を尺度化するために選ばれた指標であり、何を「行った」のかを示すために集められた証拠である。これに対して、「結果」(アウトカムやインパクトを含む)に向けての「進歩」を示すものがアウトカム指標である。アウトカム指標は、あなたが何を得たのかを示すために集める証拠ということになる。

簡単な例をあげてみよう。サッカーの例をあげると、ボール支配率はプロセス指標である。ゲームの勝利はアウトカム指標となる。いい試合をしていたが(ボールの支配率が高い)、試合には負けるということもあるだろう。逆に、ずっと攻め込まれていたが、相手のミスで決勝点をもらうということもある。これはサッカーだが、地域福祉の実践では、妥当な計画をしっかりすすめることが、確実な成果に結びつく。だからこそ、形成的評価が大切なのである。

プログラム・モデルでは、「アウトプット」は活動が意図したように起こったかどうかの指標として役立つが、意図した結果を達成するために重要なのは「投下量」の概念である。なぜなら、それはプログラムの改善や可能性に直接的な影響をもっているからである。だれが、どれだけ参加しているのか、どのような期間つづくのか、それぞれの活動がどのくらい「よい」のか——これらすべてのことが、意図した「アウトカム」や「インパクト」に向けてプログラムを実現するうえで、大きな役割を果たすことになる。したがって、FIT基準を適用して検討がなされる。

これに対して、意図した結果に向けての前進を示すのがアウトカム指標である。ここでくり返し確認したいことは、地域の状況というのはなかなか一度には変化しないということである。しかし、プログラムを実践することによって着実に、小さな歩みであっても前進をしていくということ、それがやがては(長期には)必ず目標=インパクトに結びつくことを確認することが大切である。したがって、通常、評価指標としては「短期アウトカム」と「中期アウトカム」だけが明確化される。個人の場合には、認知、スキル、知識

の変化である。それがやがて行動やシステムにおける変化へと結びつく。

　CLA の例では、評価ロジック・モデルには、当然、データ収集方法を含まれてはいない。一般的には、文書の検討、調査、インタビュー、フォーカスグループの観察などの方法があるが、要は、評価をデザインするときにロジック・モデルの図式をみながら関係者で深く議論をすすめ、どのような指標をみるのか、どのように情報を収集するのかについても合意をえておくことである。評価のために力を使い果たすことは愚行でしかない。どこまでデータを収集するのかは、評価の目的とともにコストの問題と関係するからである。

## おわりに

　この章では、ロジック・モデルとは何か、それが評価の時代において計画と評価づくりを支援するツールとしてどのようなメリットがあるのかを説明し、具体的な例として、仙台市鶴ヶ谷地区で筆者らが関与し、かつロジック・モデルの適用を試みた「健康づくりの講座の企画ワークショップ」のプロセスを詳しく紹介してきた。ロジック・モデルの説明はここではくり返さない。要は、計画と評価に実践的にこのツールをくり返し使うことによって、それに習熟することが大切である。

　ここではワークショップをすすめる上で留意したことを再度まとめておきたい。

1. 説明では「公共空間」とやや抽象的なことばを使ってきたが、要は、多様な市民が参加して、しかも、ワークショップに参加したすべての市民が積極的に議論に参加して、意見を述べること、述べたことが傾聴されること・傾聴すること、つまり、尊重されるような運営をはかることである。
2. 抽象的には、創発的協同の条件となるが、議論のすべてのプロセスがすべての参加者に理解してもらえるように、図示しながらすすめること。こうした議論のプロセスを経てつくられた計画は、いわば「協同の知の創造」のプロセスであり、これを共有することが大切である。とくに、問題及び目標の共有はコラボレーションの形成にとっての〈要〉である。
3. 「戦略」における「活動」を選択するとき、地区担当の保健師の方や専門

家のアドバイスを受けることが妥当性を高めること。市民は社会疫学の知識を学ぶことになり、同時に、汎用性のある「戦略」と「目標」との基本的な関係をつくることにもなる。
4. 事業の計画は目的であり、そして手段である。手段というのは、このワークショップをすすめる協同のプロセスをとおして、市民の実践の力量を高めるとともに、まちづくり推進課、高齢福祉課、住民懇話会、大学関係者(東北大学、認知症介護研究・研修仙台センター)との相互の信頼関係を築くこと。これこそ福祉の力、地域の力を高める手法でもある。

　ロジック・モデルは、この実践を支えるツールとして有用なものである。いずれにしても、この報告はまだ事業の途中経過である。この事業は、つづいて講座を実際に実施し、それを評価することによって一つのサイクルが終わることになる。しかし、講座の企画書をつくることは一つの目標であるが(短期のアウトカム)、この講座の目標は「自主的に活動する市民を育成する」におかれている。総括評価ももう少し後の課題である。
　〈まちづくり〉は、数年のプロジェクトで完結することのできる目標ではない。現在の取り組みが、やがては将来の目標に結びつくことを展望した、息の長い継続的な取り組みを必要とする未完のプロジェクトである。ロジック・モデルは、事業を計画する支援ツールとして有用なだけでなく、全体のプロセスにわたり関係者の対話を促進することをとおして相互理解を深め、協働して地域の課題を解決する力を育むことを支援するところに真価がある。

注
1 ここでいうダブル・ループの学習とは、自分たちが前提としてきた理論や理論的前提自体を問い直して変更・修正するような学習をいう。したがって、より深い学習の質をとらえる概念である。

## 第6章　コミュニティワーカーとしての公民館職員
―― その専門性と力量形成

**はじめに**

　数年前から奈良市で公民館職員の方にヒヤリングをすすめてきた。聴き取りをとおして職員としての専門性とは何か、その専門性をどのように形成してきたのか、そして、課題とは何か、ということを明らかにしようと考えてきた。この実証研究の分析をとおして、コミュニティワーカーとしての公民館職員の専門性と学習の課題を考えたいと思う[1]。

　ここでは、一般的に公民館職員といっているが、正確には、奈良市の公民館の公民館主事の専門性をめぐる議論に限定した議論となる。しかし、他の自治体の公民館職員で行った研究でも同様な専門性の内容が確認されている。したがって、他の自治体の公民館や社会教育職員にも共通した専門性と価値・倫理であるといいうる。

### 1　公民館職員とは

　まず、結論を示すことからはじめよう。奈良市の公民館職員は、次のような定義の専門職としてとらえられる。

> 　公民館職員は、生涯学習の理論と住民の学習を組織する専門的な技術（アート）を利用して、住民一人ひとりが自らの自己実現をとおして地域社会の well-being を高めることをめざす活動へ参加することを支援します。わたくしたちは住民の学びの自主性・主体性を大切にし、彼らとともに活動し、学びつづけます。

　もちろん、これは研究の要約であり、市役所や住民からの認知があるわけではない。実態として職員の方たちすべてがこれをできているかというと、

そういうことでもない。さらにいえば、これが理想というか、公民館職員のめざすべき姿といえるかどうかも検討すべきところが残っている、と思っている。しかし、この定義（この定義でなくてもいい）にある専門性、使命、価値について職員たちの間に共通理解や確信がないということがもっとも問題だと思う。職員たち一人ひとりは仕事に「やりがい」を感じ、よく頑張っているが、それはあくまで個人ワザにとどまり、職員集団としてともにすすもうとする姿勢が弱いことも、この研究からみえてくる。専門職としての認知をめざすのであれば、まずは、職員としての専門性や目標についての理解を共有することが不可欠であろう。

　今後の課題については後に触れることとして、まずは、この定義がでてくる根拠を語りの分析をとおして示していこう。

## 2　仕事をとおして学ぶ

　他の専門職として看護師を分析したことがある（高橋 2011, 高橋 2012）。看護師は国家資格だが、彼女たちは働き始めるときになにもできない。「挨拶する」、「遅刻はしない」から仕事の歩みをはじめる。つまり、職務に必要な技術・能力という意味で学校教育、つまりフォーマル教育がはたす意味は大きくない。このことは労働への参加をとおして少しずつ仕事に必要な技術・知識をおぼえていく、それを技能としてわがものとしていくことを端的に示している。

　では、公民館職員はどのようにして仕事をおぼえていくのだろうか。

**見て覚える**

　公民館職員の仕事への参入の仕方は保健師に似ている。一般に、労働の場の学習は、「段階的学習」と「非段階的学習」の方法がある（松尾 2006）。この点、看護師が「段階的学習」をとる[2]のに対して、保健師たちは「非段階的学習」の方法をとる。これは公民館職員も同じである。命にかかわる仕事ではないので、極端に言うと、はじめから一人前であるかのように現場に投げだされる。

　しかしながら、その参入は全面的なものではない。まずは、先輩職員がいれば、補助的に運営に参加してそれを見ながらおぼえていく。

職員1：はい、ま、教えていただくということもありましたけど。見て覚えろというような感じがありましたし、はい。それは、ま、公民館にもよるでしょうけど。

　しかしながら、見て、そのまままねをするわけではない。初心者であっても公民館職員たちは自分なりの理解をつくろうという姿勢をもって見つづけている。それが看護師との決定的な違いである。看護師は同じようにできるように仕儀をくり返しながら技を身体化させていくが、これに対して、公民館職員は最初から裁量の余地をもって参入している。それは技術として見えにくいので、一見、厳密さに欠けるかのようにあらわれる。

　　　職員2：そうですね。完全にそれをまねしてるわけじゃなくて、見ながら、「ここはちょっとな」っていうところはこういうことするのはやめとこうとか、考えさせられますよね。イン：そういう意味でいくと、公民館職員の大事なところは、自分自身の問題として考えながら、消化しながら考えていくというのが大事な部分なんですかね。

　では、修正しようと考える〈基準〉はどこにあるのだろうか。ヒヤリングを見ると、ここでの〈基準〉が利用者の視点というよりも自分の〈感覚〉にもとづくものであり、その際に自分が経験した公民館が大きな意味をもっていることがわかる。つまり、個別的な経験にもとづいて修正してしまう。

　　　職員3：私が公民館に来たときに、ほんとに一般の人間として公民館の講座を受講したときに感じてたもの、この田原公民館で感じてたものが、私の基本なんです。だから、柳生に行ったときに、「あ、なんか違う」っていったところで、田原公民館の運営が私の基本だったという、その違いが微妙に感じたんだときっと思うんです。

　悪くいうと、自分勝手に変更することが許されるわけである。その妥当性は、生涯学習の理論でも、経験に鍛えられた実践知でもなくて、それぞれの職員の感覚的な判断にゆだねられている。初心者といわれる時期には、このように講座がつくられる。

**他の公民館事業を見る**

　職員たちは、他の市町村の生涯学習の事業や情報に敏感である。それらの事業から学ぼうという姿勢をもっている。そのときも基本は同じである。つまり、他の館、市町村の事例を参考にするが、そのまま模倣するということはない。むしろ、批判的に消化しようと強く意識していることが特徴である。

　　職員4：たまたま他の公民館とかですでにやっていらっしゃる分があったので、それをちょっと見に行かせていただいて、勉強するっていうふうな形でまず行ってたんです。……（でも）全くやらはったことを、同じことをなぞるのではなく、講座をやってる中で、やっぱりこういったことが大事じゃないかっていう自分の思いみたいなものも一応投影させて、講師の先生にもそれをお願いするような形で始まりました。

　　職員5：そうですね。嫌なこと言えば、段取り悪いなとか、ここはこういうふうにしたらうまくいくのに、自分はそれは気をつけようとか。言葉一つでも、こういう言い方にしたら分かりやすいのかなとか、説明してはっても、やっぱり何か文章があったらもっと分かりやすいのかなとか、受講者の立場になってみて初めて分かることっていうのもあると思うので、できるだけ参加するようにはしてるんです。

　まず、こうした見学にでかけようと思うことからもすぐ理解できるように、この学びは、職員の積極的な姿勢があってはじめて成立するものである。さらに、ここでも単純にまねをするのではなく、自らの公民館の状況に照し合せて修正することがよりよいプログラムになると考えている。その意味でも、公民館の職員の学びでは彼・彼女たちの主体性が大切な点だということがよくわかる。

　学習者の主体性が大切なことは、学習一般にいえることだが、これが職員の専門性を支える〈命〉ともいえる部分でもある。この点は、公民館職員の価値・倫理のところで詳しく分析するところとなる。

**経験した分野からはじめる**

　新たに仕事をはじめようとするときに、まずは自分の得意分野、経験のある領域から入ろうとするのは自然なことであろう。公民館への参加経験のある社会人にとって、自分が経験した領域から出発する。

　　職員6：あんまりハードルは、私は感じなかったですね。元々学生時代も、結局、子ども会活動であるっていうのも、運営であったり、何か子どもたちにプログラムを提供してっていうことをやってきてるので。もちろん子どもが幼稚園の時は、育友会活動、小学校も育友会活動とかでやってきてるので、常に企画したりする側のほうにいることがずっとあったんだと思うんですよ。だから、今までそんなに、ほんとに大きなハードルを越えたような思いはないですね。自然とこう。

　　職員6：特に切り口が一番楽なのは、やっぱり子ども。小学校のほうとかね。対象は楽なので、そのプログラムなんかは、私が引き受けるように。例えば、「今日は工作します」とか、「お菓子作りをしましょう」とか、「ハイキングに行きましょう」とか、そういうのはだんだんこっちに回ってきて。取っていったのか分かんないけど、そうですね。イン：やっぱりそういう意味では、その前にやっていらっしゃった活動であるとか、資格が生きるという領域から入るという感じなんですかね。主事6：そうですね。入りやすいですね。

　もちろん、一般の参加者として公民館を利用していた時とは、責任も、そして役割も異なることはいうまでもない。しかしながら、利用者の立場やニーズなどを理解しやすい分野であり、これが参加の「切り口」となることは当然といえよう。
　これを学習の性格としてどう整理できるだろうか。先に、公民館職員の学びは「非段階的学習」と整理した。とはいっても、まったく手順を踏まないわけではない。むしろ、こういってよいだろう。自分なりに階段をつくりながら学びを構成しているのである。

**既存のプログラムを修正する**

　こうした段階的学習の一つとして、「既存のプログラムを修正する」がある。

これは公民館職員の異動と結びつくので、構造的なものといえる。

　彼らが公民館職員として採用されるのは、第1期生は年度途中の11月であり、その後の採用が4月としても、いずれにしても仕事を始めるときすでにその年度の事業計画はすでに骨格が決められている。したがって、新採用の職員たちは、まったく一からはじめるのではなくて、まずこの講座の実施を担うところから仕事をはじめることになる。残されているのは小修正の余地だけである。

　　　職員4：事業についてもやらないといけないっていうふうなことで言われましたけど、いったん来た時点で全く白紙っていうわけではなく、年度の予定っていうのは、基本その前年度の末に決まってますよね。　イン：そうですよね。　職員4：その流れの中で担当が割り振られたりとか、まだ曖昧に決まってた部分で携わったりっていうふうな形だったので、事業をすることに対して、すごくプレッシャーやしんどいとか、そういったことは正直あまりなかったんですね。

　　　職員3：回数を変えるっていう、子どもの連続講座を、5回で終わるような内容を、自分たちで教えながら延長しましょうということで回数を変えたりとか、その程度のことです。　イン：なるほど。その年度と翌年度を含めて、どういう形で仕事としては覚えていくような形になるんですか。やりながらという。　職員3：やりながらでしたね。その中に、自分のやりたいことを徐々に入れさせていただいて。

　つまり、前年度の職員が計画した講座を実施をするときに、少しだけ自分らしさをつけ加える、これが残された余地である。つまり、初心者が全面的に責任をもつのではなく、これが少しだけ階段をのぼる「仕掛け」となっている。

　こうした段階を経ながら公民館職員たちは仕事を学び始めていく。

## 3　学びを組織する

**プログラムを組み立てること**

　公民館職員には、プログラムをつくり実行するだけでなく、学習組織の支援、管理運営など多様な役割が期待されている。しかし、専門職としての職員の仕事の中核にプログラムつくりがあることについては異論がないだろう。少なくても、公民館職員の「やりがい」は、このプログラムの評価をとおしてつくられている。

　しかしながら、一般的にいえば、このプログラムをデザインすることは決してむつかしい技術ではない。例えば、次のような言葉をみてみよう。

　　イン：自分で考えていろいろ企画を、講座をつくったり、年間の計画を立てたりすることができるぐらいっていうのは、どのぐらいの時期になるんですか。職員6：それは、そんなにかからないんじゃないですか。淡々と進める分には。……1年でも2年ぐらいでもできるんじゃないですか。と思いますけどね。

　プログラムをデザインすることは、職員としてもっとも基本的な仕事だが、それはむつかしくない、という。デザインだけならすぐできる。でも、それだけでは十分ではないと彼らは考える。彼らが問題にするのは、デザインという技術的な力ではなくて、職員や利用者の「思い」をそこにどれだけ込めるのか、つまり、どのようなプログラムを、なぜ、そしてどのようにつくっていくのかという点なのである。

　　職員6：人の思いであったりとか、気持ちであったりとか、あるAという人が公民館に来て、こんだけだった心がこんなに膨らんで帰るとか、そういうところまで踏み込んだことができるっていうことを考えると、もうちょっと年数はかかるかもわからないし、やっぱり意識も、自分の意識が変わっていかないと。

　公民館職員のキャリアについて、初心者から「一人前」そして「中堅」「達人」という区別があるとして、それらを分けるのは形式的なデザインの力ではな

くて、そのつくり方にあるというわけである。それが「意識が変わっていかないと」という語りである。

**プログラムづくりにおける〈進歩〉とは何か**
　では、公民館職員たちにとっての「意識の変化」とはどういうことか。それは、プログラムの質的な変化とか、〈進歩〉ということと密接に関係している。
　公民館職員であれば、だれでも市民に対して魅力的なプログラムを提供しようと考える。そのために何を題材に、どう運営しようか考えるのが一般的だと思う。でも、それでは十分ではないと考えるように変化する。なぜなら、それは「自分を中心に考えている」段階にとどまるからである。

　　職員1：うーん、何も見えなかったのでね、三笠公民館にいたときは。何も見えなくて、とにかく、とにかく事業を企画して、とにかく運営して、というのが、必死でしたね。受け手の人たちがどう感じているのかとか。どういうことが求められているのかとか。そういうことを見る余裕がなかったと思います。とにかく、あのー、専門職として、採用されて。期待にこたえたいと思いもありましたし。若かったのでね、とにかくがんばらないと、という感じだったと思います。

　これを越えるために次の段階では、市民のニーズを把握しようとする。この市民のニーズを把握することは職員としての基本である。だが、だからといって「市民のために講座」をつくるということでいいわけでもない。同じ職員は次のように述べている。

　　職員1：何かを教えたり、諭したりするなどということは、とんでもない勘違いだと思っていて。あのー、こちらが働きかけたい、動機づけたいことを投げかけたときに乗っかってくれはる市民の人がいて、で、それをやっていくことで、わたしもその人たちも一緒に育つというのがプロセスだと思うので、あのー、一人前になるというのはいつだろうという感じです。

　「市民に対して」啓蒙することではもちろんなく、かといって「市民のため

に」プログラムをつくるということでも十分とはいえない。「市民とともに」活動し、学ぶことが大切であることを指摘している。だからこそ職員自らが学びつづける必要があるというのである。

別の職員は、プログラムをつくるときの〈視点の転換〉について、次のように端的にまとめている。

> 職員7：それはもう、変化を常にしていってましたね。最初の頃っていうのは、まず教育っていうか、事業をやって楽しんでもらう、何か持って帰ってもらおうというだけでいました。それが、二名に異動して、いろんな団体、NPOさんとかもありますので、子育てサークルさんとかも話して、何か一緒にやろうかって話になってきたんですね。そういうときに、地域とも一緒にやっていくことも大事やなというのを、そのあたりでより意識するようになって、特にこの若草に来ては、それをもっとしなきゃと。地域をもうちょっと掘り起こさなきゃいけないなっていうのは、だんだん強くはなってきてます。

プログラムをつくるとき、キャリアを深めるとともに〈視点の転換〉があるということが大切な点であろう。初心者である職員たちは自分たちの得意分野から参入しようとする。自分のニーズを市民のニーズにおきかえて理解している段階といってよいだろう。しかし、やがて〈視点が転換〉する。それは「市民とともに」事業をつくる、つづいて「市民とともに地域をつくる」という変化としてとらえられる。

公民館職員たちは、自分の専門的力量がついているのかどうか、確信をもてずつねに不安を抱えている。それは、成長とともに、こうした〈視点の転換〉があることに気づきにくいためでもある。公民館職員の力量の変化は、まずは、この視点の深化にあらわれる。

## 4　利用者との信頼関係をつくる力

こうした変化を〈視点の転換〉といってきたが、同時に、「市民のために」事業をつくるから「市民とともに」事業をつくるためには、公民館職員の力

量の成長が必要となるはずであろう。では、どのような力量が必要となるのだろうか。次に、公民館職員の専門的力量について考えていきたい。

公民館職員の力量とは何か。これを考えるために、語りの分析から少し離れて、こんな想定をしてみよう。

　20年の経験をもつ仙台市の市民センターの職員が、突然、奈良市の地区公民館に異動してきました。彼がつくるプログラムと、奈良市の地区館で2年の経験をもつ職員のプログラムと、どちらがすぐれたプログラムとなるでしょうか。
　奈良市の職員はまだ駆け出しです。初心者の段階です。これに対して、個人差はあるでしょうが、専門職の成長の10年ルールによれば、すくなくても仙台市から来た職員は「一人前」です。「達人」かもしれません。一般的にいえば、プログラムをデザインする技術の面では仙台市の職員のプログラムは完成度が高いかもしれません。
　しかし、プログラムの命はデザインの完成度なのでしょうか。

**来館者とのつながりをつくる――ラポール**

もっとも大切なものは、利用者である住民のニーズがプログラムに込められているかどうか、利用者や地域に対する職員の理解や思いの深さにあることを、奈良市の公民館職員たちは語りでくり返し強調する。したがって、初心者の頃から職員たちは信頼関係を築くことに意識的な努力を傾注しつづける。それこそが職員の働きかけの一つであり、学習の組織化の技術の一つでもある。いかに見かけはよくても、これがないプログラムは、〈魂〉の抜けた作品でしかない。

利用者との関係の構築は公民館に赴任した時からはじまる。公民館職員たちにとって、窓口にくる利用者との応対が利用者との関係性をつくる最初の接点として認識されている。職員たちは、この機会を見逃さない。

　職員2：やっぱり何も分からないですし、とりあえずいちばん最初に心掛けたのは、利用者の人に挨拶をしようということと、挨拶だけで終わるんじゃなくて、できれば頑張って一言声を挨拶とは別にかけてみようっていうのは、心掛けてはいたんですけど。

「挨拶」は利用者との関係をつくるきっかけだが、これがまた〈基本〉だということを強調している。「おはようございます」、「ありがとうございました」だけでは終わってはいけない。もっとパーソナルな関係をつくるために工夫をしようとする。例えば、一人ひとりの名前をおぼえて声をかける工夫である。自分も名前で呼ばれることを期待して努力する。

  職員4：そうですね。私、なるべくね、受講生のかたの名前を覚えるようにしてるんですよ。で、なるべく名前で声かけするようにするんですね。子どももそうですし、大人もなんですけど、公民館の人が自分の名前知ってはんのやわって思ってくれるのと、ただ事務員さんと利用者さんとっていう関係よりは、「名前ちゃんと分かってくれてはるわ」って思ってくれるほうが、親近感持ってくれはるんとちゃうかなっていうのは思っていて。それはすごく、心掛けるようにはしてます。

  職員5：全然違いますね。名前で呼んでもらえるっていうのが、やっぱり大きく変わったなと。「職員さん」って言われてたのが、やっぱり何かあったら、「〇〇さん、こうなので部屋使いたいんやけど、いけるやろうか」とか。

このように名前で呼び合う関係ができることが、利用者との関係性の変化のバロメーターであるととらえられている。その頃、さらにもう一歩アプローチをすすめていく。少し慣れてくると職員たちはより積極的に利用者に近づくために働きかけを行う。

  職員8：そんな難しく、かっこいいことも言えないですけど、やっぱり窓口に出て話していくっていうぐらいかな。地域の人たちあっての公民館なんで、小まめに声をかけたりとか、ちょっと見学に活動してる部屋をのぞきに行ったりとか、どんなこと考えてんのかなっていうのは、やっぱり行くほうが、地域にも入りやすかったかな。

つまり、利用者へのアプローチは、窓口対応からより積極的な関係づくりへとすすむ。挨拶であるとか、声かけなどの意味は、外部のものには気づきにくい働きかけである。しかし、これはコミュニケーション力を必要とする能動的な働きかけであるということが大切な点であろう。こうして利用者、

住民たちと気軽に話ができる関係を徐々につくっていく。

**瞬時に求められるものを理解する**

　公民館にはたくさんの市民が、多様な目的のために来館している。しかし、事務室で見ていると、どこでもそうであろうが定期的に訪れる人はある程度固定している。窓口での対応をくり返すなかで、職員たちは利用者が何を求めているのかを瞬時に察知できるようになっていく。そうでなければならないともいわれる。なぜかというと、これも信頼関係をつくる要素の一つだからである。

　　職員4：お話聞いたら大体分かるところもあると思うんですけど、何て言えばいいんですかね。毎回来られて、毎回同じような形で関わっていたら、もう来はった時点で、「あ、何を言いに来はるな」って大体分かったりとかすると思うんですよ。だから、向こうが全部言わんでも、すぐにパッと動けるようにはできると思うんですね。

そして、その利用者に対する認知にもとづいて素早く対応を変えることを心がけている。

　　職員4：丁寧な応対とか、それは当然のことだと思うんですけど、来られる方は、あんまり何も分からない状態でいらっしゃってる方もいれば、よくよく分かっていらっしゃってる方もいる。それを同じように対応するのではなくて、この方はこのグループさんで、こういうふうに来られたんでとか、この方は全然公民館ってことを何も知らんと、ただの市の建物やと思って来てはるから、そこを相手が求めてはることをどうつなぐかとかっていうのは、ぱっと判断して対応しないといけないと思うんです。

　この窓口での何気ない心遣いこそプロの対応である。こうして職員たちはつねに最善の対応を心がける。その基本は一人ひとりに合わせた対応である。ある意味、こうした対応ができるためには不断の緊張を求められるから、それは職員としての〈意欲〉や〈構え〉を示すものでもある。

職員2：やっぱり利用者さんとか、受講生の人に顔をまず覚えてもらって、この職員さんはこんな人っていうのを何となく分かってもらえて、受け入れてもらえたかなって思うのが、多分、1年半ぐらいたってからかなという気がするので。

　この時点が、学習を組織する専門職としての真価を発揮しうる出発点となるのではないだろうか。なぜなら、利用者の真のニーズをつかむことのできる関係の条件が、この利用者による受容だからである。職員の技術としてはラポールの形成である。

**会話からニーズを汲み取る**
　利用者とのラポールを築くことによって、気軽に利用者と会話できるようになっていく。これがなぜ大切なのだろうか。ニーズを聞きやすくなるというのだろうか。尋ねた時に正しい答えが返ってきやすくなるというのだろうか。そのどちらでもない。職員がめざすのは「質問をする」ことなく、利用者や住民のニーズを読み取る力である。
　こういってよいだろう。これまでの職員の意識的な働きかけは、「会話からニーズを汲み取る」という一点の集約される。

　　　職員8：そうですね。自然に話をしてると、こんな講座面白いかもっていうふうなんで連想するようなことは、あのときはついてたような気がします。そんなふうには考えてた時期でしたね、あの辺は。

　住民のニーズを把握する方法として、いくつか考えられよう。手っとり早く考えれば、アンケートを取るという方法がある。講座が終了したときなど、受講者に次のニーズを聞くという手段も有効だと教えられてきた。しかしながら、職員たちは「質問せずに」ニーズを汲み取ることに拘りつづける。
　それはなぜなのだろうか。「質問」すると、そのときたちまち自然さを失い、フォーマルな職員と利用者との関係に変換してしまう。それでは、本当のニーズを聴くことができなくなる、ということに職員たちは気づいているのである。

しかし、何気ない会話のなかからニーズをつかみ取ることはそれほど易しいことではない。

> 職員9：地元の方のね、あの、参加がちょっと少なかったりっていうのがね。あの、それをつねに意識はしてて、まあ、……申請にきた時に、いろんな雑談をしながら吸収しようとするんですけど、なかなか、まだつかみきれんで。……そこんところが、やっぱり、つかみきれないところかなと思うので。

10年の経験を経てもむつかしいワザなのである。ここでもう一つ大切な点に触れておきたい。職員の前向きな姿勢の大切さは先にも述べたが、ここでもその点が浮かび上がってくる。つまり、日常の会話のなかからプログラムを構想するには、それを感じ取ることのできる職員の側の問題意識が存在しなければならないはずである。簡単なことだが、この「構え」のない人に気づきは存在しない。この「構え」から生まれる気づきにくわえて感性と構想力がものをいうのが、公民館の仕事なのである。

## 5　地域の資源を結びつける──コミュニティワークの技法

### 地域のニーズ・資源を探る

いま、公民館は地域づくりの課題との関係で役割が期待されている。中学校を単位にして施設と職員が配置されてきた存在には確かに大きな可能性が秘められている。しかしながら、地域づくりのなかでどのような固有な役割を果たしうるのか、という点での職員の役割はまだ明確でないように思われる。

この点で、奈良市公民館の職員調査をとおした働きかけは示唆に富んでいる。これから見ていくように、公民館職員が地域の地理、歴史や文化を学ぶことはもちろんだが、地域に関する理解をつくる過程が、それを担う人びととのつながりをつくるプロセスともなっている。これも公民館職員の専門的技術の一つである。職員たちは公民館のなかで利用者との関係をつくるだけでなく、公民館のそとへと活動の空間を広げていこうとしている。ここで使

われるのがコミュニティワークの手法である。

　　職員6：子どもどうしをつなぐということは親をつなげないといけないし、親をつなぐっていうことは、地域の人が支えてあげたら地域の人がそれぞれつながるだろうとか、そういうのは漠然と思ってましたね。イン：つなぐような機会を、公民館としては考えるというような。職員6：そうですね。割とその辺は、漠然と思ってましたね。今はもうちょっとしっかりと思いますけど。

ここでも、まずは、自分がこれまでに培ってきたネットワークから利用しようとするのは自然なことである。でも、当然それには限界がある。そこで使われる手法、地域を知るもっとも有効な方法とは、地域の歴史や文化を担う人たちに直接尋ねることである。職員たちが公民館を出て活動する余裕がたくさんあるわけではないが、彼・彼女たちは意識的に地域に足を運んでいく。

　　職員6：だから、情報収集はしますね、ある程度。連合会長さんとかが来はったら、連合会長さんに「教えてください」とか。……大柳生村だったら大柳生村史、東里村史。村史をばーっと見て、そうしたら、いろいろ年中行事であったりとか、ずっと書いてあるんですね。そこで「こんな地域なんだな」っていうのをイメージを持ったり、地域の文化財であったりとか。そしたら、たまたまここの文化財とかをよく知ってる、郷土を知ってる人がいるよとか、つながるんですね、なんか知らんけど。教えてもらって、「先生、教えてください」と言って教えてもらったり、そんな感じですかね。

大切なことは、地元の歴史や文化の知識をえることだけではない。地域を知るために〈動く〉ことをとおして、地域の人たちとのつながりを少しずつ広げている。こうしてえられた情報にもとづいて、できるだけ小まめに伝統行事などに顔を出すことも職員の働きかけの手法である。

　　職員6：しょうもないことなんですけど、カメラを持って、帯解寺さんの地蔵会（じぞうえ）ですね。地蔵盆じゃなくて、地蔵会、地蔵のお祭りがあるんですね。そのときにカメラを持って、私はただ単にどんなようすかを

見て、写真撮ったりする。「来てくれてるんですね」って地域のかたが言ってくれるんです。……「来てるのね」とこっちが声かけて、「お祭りいいね」とか言ってきてたら、奥さんのほうが「これ、だんななんです」とか言ってね、またそれで顔見知りになったりとか。だから、やっぱり地域の何かっていうときには、出ていくっていうのが大事かなって。

　すぐわかるように、これこそフィールドワークの基本である。職員が地域に関心をもって足を運ぶからこそ、それを知って親近感が住民たちに生まれるのである。この〈動き〉によって人のつながりがいっそう広がっていく。くり返しになるが、大切なのは、歴史や伝統文化を知るということでなくて、それを知っている人を資源として認知し、そしてその人たちとのつながりをつくり、広げることが〈ワザ〉なのである。コミュニティワークでいうと、資源の発掘ということである。事業への住民参加をすすめることは、資源を動員するということだが、まずは地域に即した資源の発掘が基本のプロセスとなる。

**地域のネットワークをつくる――資源を育む**

　この点有利なのは、地元の職員たちである。とくに、もともとその地元で活動に参加してきた経験をもつ職員は、その意味で、もともと豊かな資源をもって参入できている。例えば、地元出身の職員は次のように述べている。

　　職員3：高校を卒業いたしまして、24歳ぐらいまで青年団活動をしてたんです。……そのかたたちが、今の田原を引っ張ってらっしゃるような状況なんですね。だから、田原のスポーツ協会であるとか、それから、「田原ふるさと環境保全」っていう、農地水っていって、国とか市から助成金が出てるような団体なんですけど、そこで主に活動してらっしゃるのが昔の青年団仲間。とくに同級生の男性たちは非常にたくさんいますので、比較的ここで仕事するには、居心地いいような状況ですね。イン：なるほどね。指図できる。職員3：いやいや、使われてもいますけど。「ボランティア、ボランティア」とか言われながら。でも、地域のかたに何かをお願いしても、結構一つ返事で「いいよ」っていう、好意を持って接してくださるかたが多いので。

これは特殊な条件といえるが、職員たちは住民との信頼関係を築きながらこうした関係をつくっていく。このネットワークの形成も公民館職員の専門職としての技術の一つである。

　　職員2：そうですね。すごく多いんですけど、子育て支援センターっていうのも近くにありまして、そこのかたと協力して、子育てスポット事業というのが奈良市ではあるんですけど、その講師で来ていただいたりとか、「こんな事業をやってるよ」というのをお互いに広報の面で協力したりとか、あと、保育園さんとかにもお世話になって、先生に来ていただいたりとか。イン：それは、やはり主事の役割なんですか。そういう連携みたいな。 職員2：連携というか、そうですね。つながりは職員がやってます。

　　職員2：地域包括支援センターさんと割とずっと協力をさせていただいていて、包括支援センターの保健師のかたといつも相談しながら、この3年、4年事業をやってきていて。「ひだまり体操」っていう、高齢者のかたの介護予防の体操の教室を公民館でやってまして、保健師のかたが来て体操の指導をされて、公民館でもちろんやるんですけど、っていうのと、あとは「ひだまりサロン」というのが今、月に1回あるんですけど、それはボランティアさんが運営されてるんですけど、そのボランティアを養成する講座を、登美ヶ丘公民館で3年ぐらいかけてやらせていただいてという感じですね。

　どの地域でも少子化や高齢化の問題を抱えているのではないだろうか。これが地域課題である。この解決を図ろうとするとき、子育て支援センターや地域包括支援センターなど専門機関との連携をどのようにつくり、その専門職の力を公民館事業にどう活かしていくのか、という力量が求められる。コーディネートする力である。公民館職員の働きかけを契機にしてネットワークがつくられる。大切なことは、このネットワークは職員の異動があっても公民館の資源として持続する性格をもっているということである。
　他方、他の機関がつくるネットワークを利用するのも職員の力である。

職員6：そこ（学校支援本部）には、地域の連合会長さんがみんな委員に連ねてる。民生さんの代表さんも来てる。で、役員さん、小学校のそれぞれのコーディネーターさんとか、地域の方がいる。そこへ顔出すっていうのはものすごく大きいことで、そこでの役割って特にないんですけど、こっちはそれを逆手に「いつもお世話になってます」って感じで、公民館だよりとか配ったりとか、挨拶をしたりするだけで顔と顔がつながるから、なんかっちゅうときには効いてきますね。

地域の関係諸団体が一堂に会する機会をつくることは、コミュニティワークでいうコミュニティ・リソース・ネットワーキングという技法であるが、それを直接自分でつくる必要はない。利用すればいい。大切なことは、それを担う人たちの顔の見える関係をつくることであり、信頼関係が形成されると、必要に応じて形を変えながら、いろいろな課題で共通の目標や共通の実践をつくるときの基盤となる性格をもっている。これが社会関係資本というものである。この資本は、地域実践で組織的な資源として重要な意味をもつ。

**地域を自分の「ポケット」にする──資源を動員する**

では、どうこれを使うのだろうか。

公民館職員の力量とは、個人の力量であるかのように考えられている。達人とは卓越した個人的な能力をもつ人たちであり、したがって、一般の職員とは別格の存在であるかのように語られることも少なくない。しかし、これまでの論述からもわかるように、公民館職員の力量とは、利用者の理解と参加により支えられ、さらには地域の諸機関のネットワークのなかではじめて発揮されるものである。つまり、すぐれて関係的な能力なのである。仙台市の「達人」も、奈良市にくればしばらくは「ただの人」にすぎない。

個人として見た場合、いかにすぐれた職員でも新しい事業の種を無限にもっているわけではない。このとき問題となるのは、人びととのネットワークの広がりである。

職員10：私は子育ての専門家でもないし、食の専門家でもないし、環境の専門家でもないけれど、そういう人たちとつながっていれば、その分野

の専門的な講座もできるし、今、何が問題かを知ることもできるし。それをしなかったらって考えたら、何もできないと思うんですね。イン：なるほどね。自分へのストックも、ないしは経験を通してのってことですね。

奈良市の公民館職員は、これを「わたしのポケット」と表現する。どのような講座をつくるのかということを考えるとき、地域のなかに素材と担い手を求めることをこう表現している。

  職員3：でも、よく見ると、素晴らしいものがいっぱい落ちてて。いつだったか、当たり前にうちのおばあちゃんとかお母さんが草餅を作ったりとかして、季節ごとにおいしく食べてた。「その草餅を作る講座をしてよ、○○○さん」って言われて、「え、草餅？」って。草餅なんか簡単に、よもぎを取ってきて、蒸してって私は思ったんですが、それを教えてほしいっておっしゃって、そうなんだって、……そういうことでいいんやっていうふうに、私はそのときに教えていただいたんですよ。そう思うと、ここにはいっぱいあるじゃないかっていう、うろこが落ちるじゃないですけど。……そういう気づきが数年前にあってからは、田原の講座づくりも、やっぱりそれが一番の軸になってきています。

職員の初期キャリアでわたくしたちは仕事の学び方を見てきた。そこでも指摘したが、初心者のときには自分が取り組んできた分野から参入をはじめる。でも、そうしたアプローチではすぐ限界に突き当たる。そのときに視点の転換が必要となる。やがて「うろこが落ちる」経験を経て、地域のなかに事業の素材を探すように変化する。そうすると、可能性が大きく拓けることに気づくことになる。

  職員11：どうしても最初の頃は、自分の興味のある分野だとか、自分の知り合いっていうので人脈をたどっていくもんなんですが、仕事のネタっていうのは町中にたくさん落ちてるんだなっていうのを、日々の来館者との接遇の中でも情報を得ることができますし、町中を歩くだけで、そういったものっていうのはあるんだなというのを。イン：そうすると、やっぱりこちら側のつかむ能力が上がったっていうことですよね。職員11：そうですね。

やはり地域は資源なのである。それは講座のネタであり、それをともにつくる住民の仲間の方たちの存在である。これを地域の課題や状況に照らし合わせながらプログラムとして展開することが職員の腕の見せ所となる。

**地域のビジョンをともにつくる――計画化と評価**
　こうした地域を資源にした講座をとおして何をめざすのか。職員たちの多くが、地域づくりの課題を指摘する。つまり、地域の暮らしをよりよく変えることである。でも、このなかでもっとも大切なのは、どう変えるのか、という点ではないだろうか。この点を、職員は次のように指摘している。

　　職員2：この公民館をこういうふうにしていきたいとか、この地域全体を、今はこうだけれども、地域をまず認識するというか、正しく。……地域を知ることと、それを通して、今後どういう地域を目指していきたいかみたいなビジョンを、自分だけで思うことも大事だし、自分だけじゃなくて、例えば地域の自治会さんとか、社会福祉協議会さんとか、いろんなところと協議しながら「こういうビジョンがいいよね」みたいなのをまず持って、それに対して何ができるかっていうのを具体的にイメージしながら、じゃあ、どんな事業をしたらそれが有効なのかなっていう。イン：学習の面からね。職員2：はい。っていうのを考えていくというのを力と言うのか、何でしょう。でも、そういうことを見据えるのが大事なのかなと思いますね。

　学校支援本部もそうだが、まずは地域の子どもたちの状況を正しくつかむことが出発点である。そのためには関係諸機関が一堂に会し、意見を出し合う機会をつくる必要がある。共通の目標や認識をもつことが協働の出発点である。地域づくりであれば、福祉の諸機関、町内会、行政などさまざまな組織や個人が地域の課題を出し合い、共通認識をつくり、活動の計画をつくることが不可欠となる。
　そのなかで公民館はどのような役割を果たすべきだろうか。専門職としてどのような支援を行う力があるだろうか。わたくしは地域づくりの計画と実施について公民館職員も一定の知識と確かな専門的な技術をもっておく必要

があると思っているが、残念ながらその必要性や力量を形成するための研修等のカリキュラムや機会はほとんど存在しない。地域計画・合意形成の技法は今後の課題といってよいだろう。

## 6　実践の場の性格と協同関係

**大型館と地区館の実践の性格**

これまで地区館における職員の仕事を前提に分析をすすめてきた。しかし、奈良市の職員の異動は地区間相互だけではなく、大型館を経由する方も少なくない。むしろ、初心者はまず大型館に配置されてきた経緯がある。

この大型館と地区館では職員としての働き方に明瞭な違いがある。まず、イメージによる違いから確認していこう。

> 職員7：僕のイメージで申し訳ないですけど、地区館っていうのは双方向っていうイメージがあるんですけど、大型館っていうのは、どっちかというと必要課題をこっちから投げる。どんどこ、どんどこ投げてくっていうイメージがあるので、地域館みたいに二つ両方やるんじゃなくて、大型館は一本。事業を立てるときは、そういうのを考えてやってくださいねっていう方針は出るんですけど、比率的には、大型館はどっちかというと投げかけのほうが多いので、地区館とはまたちょっと違うかなと思ったりはします。

事業のつくり方や提示の仕方の違いを指摘しているが、利用者との関係にも違いがある。

> 職員5：それこそ地区館って、どこでも大体そういう感じだとは思うんですけれども、やっぱり住民のかたあっての公民館っていうのがあるので、それが大型館と大きく違うと思うんですけど、自分たちの公民館という意識で市民のかたも、住民のかたも使っていただいてるので、それこそ暑いときやったら、「暑いから、ちょっとお茶入れてくれるか」って言うて事務所に入ってくるようなこともありましたし。

> 職員11：数がすごく多いんですね。で、これは地区館と大型館の違いか

もしれませんが、向こうが顔を覚えてくださるっていうことも、西部の場合はあまりないっていうことで、ほんとに決められたことを窓口で対応するというところだったんで。だから、「こうも違うかな」というような戸惑いもありました。

　公民館を職員たちがつくる実践コミュニティとしてとらえる立場からすると、両公民館のもっとも重要な違いは主事というプロパー職員の数に違いがあることにみられる。大型館は数名の職員がおり、彼らが協同しながら事業をつくっていく。これに対して、地区館は主事が一人でつくらざるをえない状況におかれる。

　　イン：……大規模館になると、そうじゃなくて。複数。職員１：同じ立場の人が複数いますので、ですから、あの、一つの事業でも。えー、１人のプロパーが主な担当をしていて、ま、もう１人プロパーが、あの、サブ的に担当でつくというのが一般的なケースだったので。あのー、ま、事業を練っていくうえでも、違う意見が取り込めるので、充実していたとは思います。ただ、地区館の場合はもうプロパーは１人しかいませんので、あの、いいのかどうか分かりませんが、わたしの考えたことが形になるということになってしまうので、責任は重いなといつも思っています。

　施設長はプロパー職員がつくった事業について根本的なところでは意見を挟むことができない。したがって、どのように協同をつくるのかは大変むつかしいことになる。

　　職員１：そうですか。あの、多分ね、どこの地区館のプロパーも、自分が一生懸命頭を悩ませて、事業の企画を組んでも。館の中ではそれに対して、あのー、示唆してくれる人がいないと言ったらあれなんですが。立場的にできないんだと思うんです、施設長は多分。で、プロパーが専門職だといって、事業を企画していたら。企画の根本にかかわるようなことには、あまり。挟めないのではないかなと思います。

**インフォーマルな協同関係**
　地区館の職員は施設長や非常勤職員の意見を参考に事業をつくるが、専門

職として位置づけられているために責任はもっぱら彼・彼女たちに委ねられる。しかし、利用者への対応や事業についても正解があるものではないので不安はぬぐえないところがある。こうしたとき職員たちはどのように協同関係をつくっているのだろうか。

こうしたとき使われるのが、第1に、「インフォーマルな職員同士の情報交換」である。とくに、制度的な財団の会議では事務連絡で終わってしまうので、入職同期の職員同士のインフォーマルなつき合いをとおした情報交換が大切な役割を果たしている。

> イン：横のつながりみたいのは、職員同士であるんですかね。職員9：そうですね。だから、定期的にお食事をしに行かしていただいてるので。……その一、あとの3人はみんな、社会教育主事の資格を持って、多分入っておられるのでね。だから、あのー、その、館の運営であったり、講座のことであったりってのは、一番聞きやすいんですね。あんまり、そのー、山とかこだわらずにですけど、聞けるので。だから、その横のつながりって、すごく、あたしは、あのー、大きいし。すごくありがたいですね。

**書類をとおした協同関係**

もう一つは、財団事業部との書類をとおした意見の交換を指摘する職員もいる。地区館の職員が事業の計画をつくると、財団に企画書を提出する。事業係の職員はその企画書を見て企画の目的や事業内容について意見交換をしていくが、これが学びになる例である。

> 職員1：あの、施設長とかに、例えば自分の作った書類を見てもらっても、そんなじっくり見ないですよね。で、でも、事務局に出したら、わたしと同じ立場というか、同じプロパーの人間がそれを見て、「ここはこうじゃないかたがいいと思う」と言ってくれる。それは、ここには、自分と同じ立場の人はいないけど。離れているけど見てくれる人がいる、ということだと思うので、あの、それをね、抵抗に感じるときもないことはないですけど、あの、やっぱり見てくれる人がいて、「あ、ほんま、ここ、そうなってるわ」ということもあると思うので。あの、大事なことだと思ってるんです。

以上のように、職員同士の意見交換や協同関係はおもにインフォーマルな情報交換や書類をとおした意見の交換によっている。地区館の職員は一人で仕事をしているが、その力量を高めるためにも職員同士の意見交換、情報交換をする関係を築くことが必要であろう。こうした機会を制度化することが職員の教育にとって大切な課題として残されている。

**実践コミュニティをどうつくるのか**

地区館は雇用形態も職務も異なる職員たちによって構成されている。したがって、実践コミュニティを育むことがむつかしい。職員たちは実践のなかで学ぶわけであるから、こうした構造は、職員の専門性の形成の大きな障害となる。この制限をどのように乗り換えるのかということが、職員の専門性の形成にとってもっとも大切な点である。これを克服するものが、実践コミュニティの「越境」である（高橋2009）。事例では「インフォーマルな協同関係」と「書類をとおした協同関係」などの契機があった。しかし、それは組織的、制度的なものではない。どのように職員同士の協同の機会をつくるのか、それをどのように制度化するのかということが奈良市における公民館職員の専門性を育む上での課題ではないかと思う。

## 7　公民館職員の価値と倫理

公民館職員にとって、専門職としての価値観とか、倫理という側面がもっとも大切な側面の一つである。専門職化をめざしたり、専門職というのであれば、この価値についての共通理解がなければ問題にもならない。これは仕事のなかでめざすべき方向性をさし示すからである。

といっても、これを思弁的につくろうとすることも誤りである。まず、公民館職員が事業をとおして何を実現しようとしているのか、その語りの部分を見ていきたいと思う。

**一人ひとりに寄り添う**

公民館事業の目的の一つは地域の暮らしをよりよいものにしていくことで

ある。しかしながら、それは住民一人ひとりの自己実現をくぐり抜けての目的だということを確認する必要がある。つまり、一人ひとりに寄り添うことが大切であるという。

　　職員6：やっぱり寄り添うことですかね。いらっしゃるかた一人一人にね、みんなに寄り添うことはできないけども、でも、寄り添っていこうっていう気持ちとか、そういうのは大事かなって思います。

では、「一人ひとりに寄り添う」とはどういうことなのだろうか。それは、利用者を層としてとらえるのではなくて、一人ひとりの人生の生き方を理解する配慮とでもいえるものである。

　　職員3：そばを植えて最後まで打つっていう講座をさせてもらってるんですけれども、食の安全を感じるかたもきっといらっしゃると思うんですけれども、仲間と一緒に農作業をするということにすごく魅力を感じてらっしゃる。来られたかた一人一人によって気づきは違うっていう思いがあって、それをつなぐのが自分の仕事っていうようにすごく最近は思うようになってきてるんですね。とてもシンプルなんですけれども、大きなテーマは要らなくて、来られたかたが自分にテーマを作られたらいいっていうのがあって、人と人であるとか、人と物であるとか、特に田原は人と地域を結びたいなっていう思いで、そういうつなぎの部分が大切かなっていうように感じています。

冒頭の定義で「住民一人ひとりの自己実現」といったところである。一人ひとりが公民館や講座にどのような思いをもってくるのかに思いを馳せながら、それぞれの異なる「思い」の実現を支援することが職員の役割となる。この先に住民の主体的な参加が生まれ、それにもとづいて多様性をもつ、包容性をもつ地域社会が形成されていくイメージである。そのために事業をとおして人びとの関係をつくることがめざされる。

**仕事への前向きな意欲**
初心者の学びにおいても、少し成長して組織化のために地域を歩くなかで

も、学びをつくるもっとも大切な要素の一つが公民館職員の「仕事への前向きな意欲」であることを指摘してきた。この意欲があるからこそ、活動への参加が学びとなる。「前向きな意欲」などといっても平凡かも知れないが、もっとも大切な公民館職員の〈資質〉である。冷徹な省察よりも、熱い意欲が数十倍大切だということを強調したいと思う。

  職員5：前向きにとらまえていく前進性とか、そういったことが非常に……。どんな仕事でも同じことだとは思うんですけれども、やりたい、やる気があるとか、「こういうふうにしていこうよ」とか、こういった問題を解決していこうよとか、こういうふうに地域を良くしていこうよとか、そういった前向きな心がいちばん重要なんじゃないのかなとは、個人的には思います。

  職員10：学び続ける貪欲さというか、積極さというか、っていうものは持っていなければいけないんだと思うんですね。

簡単なことだが、意欲があるからこそ学びがあるし、意欲があるからこそ学びつづけることができるのである。

  職員5：10年たったから、20年たったからこんなんできるって思うのではなく、常にまだまだ自分は成長しないといけないという気持ちを持ちながら、初心忘るべからずじゃないですけど、日々勉強しながら、自分も生涯学習しながら、市民のかたに提供していくような形でやっていきたいと思ってます。

今回の調査で、必ず尋ねた質問がある。それは公民館職員としての「一人前とは何か」という問いである。しかし、だれ一人として自分が「一人前」とは答えなかった。もちろん、公民館の仕事は看護師と比較すると複雑系であるから、成長が確認しにくい性格をもっているという面もある。しかし、同時に、学びつづけなければならない課題をもちつづけていたからでもある。「学びつづける」のが公民館職員なのである。

## 仕事のやりがい

では、この「前向きな仕事への構え」はどのように生まれ、そして維持されるのだろうか。答えは簡単、「仕事のやりがい」である。「仕事のやりがい」は利用者に感謝されることから感じられる。この点でも公民館職員の中核的な仕事がプログラムづくりにあるという意味がわかるであろう。

　　職員4：そうですね。例えば講座とかなんかでも、やっていて、終わったところにわざわざ「楽しかったよ」とか、「よかったよ」とかいうふうなねぎらいというか、声をかけてくださるときはうれしいですね。

　　職員6：企画をして、たくさんの人が来てくださって、「楽しかった。またやってね」って言って帰ってくださったときは、すごいうれしいですね。

こうした機会は職員であれば少なくないだろうと思う。でも、それだけで満足するほど単純でもない。いうまでもないことだが、講座のねらいとか、つくってきたプロセスと関係して「やりがい」は異なって認識される。例えば、次のような発言がある。

　　職員5：そうですね。やっぱり切り口を開いてあげるっていうのが大きいと思うので、講座を開いたときに、受講者のかたの声ですね。「ずっと来たいと思ってた」とか、「やりたいと思ってたけどなかなかできなかったけど、こんなんしてもらってよかった」というような声を聞くと、職員として。

　　職員1：自分があらかた予測できる到達点に持っていくのは、そんなに苦ではないんですけど。どうなるか分からへんけどって考えながらバーっとやっていって。でき上がったものは、こちら側も喜びが大きいし。参加した人も喜びが大きいし。……わたし自身も思ってもいない展開で、最終的にそうなったんですけど。見に来た人も、「ここの場所がこんなふうになるなんて思ってもみなかった」と言われて。「あ、その思ってもみなかったという喜びとかを作り出せる仕事なんやな」というふうに思ったんです。

いずれにせよ、工夫を重ねながら作り上げてきた事業の成果が確認され、それが評価されることが職員たちの喜びとなり、意欲を育む力となる。もう

少しつけ加えれば、住民と一緒に苦労してつくるプロセスをもつことが職員にとっても、そして学習者にとっても強い満足感や喜びを育む力をもっている。これは大切なので2つの別々の事業を紹介しておこう。

　職員3：私がさせてもらった中では、去年、今年とやらせてもらったそばの講座は、ほんとにいろんな魅力があった講座じゃないかなって思ったんです。回重ねるごとに、やはり皆さんの表情もどんどん変わっていかれますし、ある意味感動だったんですけれども、ただ都会の一つの部屋の中でおんなじことをしてても、そこまでは変わらない。やっぱりこのロケーションがあって、環境があってこそあるもので、苦労もしたんです。雨が少なくて種まきができなかったりとか、逆に台風でそばが、休耕田でやったものですから、田んぼが池になっちゃって、腐ってしまって、今年の収穫は最悪だったんです。でも、誰一人文句もおっしゃらずに、一緒に、共に労働というか、作業をされた、その連帯感っていうか、そういうものが、ちょっと他の講座では味わえないぐらい皆さんつながりを持たれて、最後はほんと素晴らしい笑顔で帰っていかれて。

　職員4：自分たちが今まで経験した中での思いであったり。それが、公民館が求める安全確保であったり、楽しく安全に山に行くっていうところをすごく重きに置いてるんですけど、そことはずれてきたりすることもあるんですよ。そのあたりをいかに埋めながらやっていくかっていうのが、それなりに大変だったんですね。ミーティングとかも重ねたり、一緒に下見も行ったりとかして、いろいろと経験していただきながら、初めはほんと形になってなかったのが、ちょっとずつどんどん、どんどん何とかなってきて、最後のほうだったら、それこそ安心して任せられるかなっていう感じにもなってきて。だから、結局そのサポーターやってた受講生のかたも、そういうふうな経験を経て今、サークルとかを作ったりもされていて、すごくその経験がよかったってことを言ってくださるので、それはやりがいというか、「ああ、よかったな」っていうふうな形では思いましたね。

こうして公民館職員も、参加した住民の方々も、参加のなかで相互の理解を深め、少しずつ成長していることがわかる。協働の経験、これこそが職員冥利につきる感情をつくる力をもっている。それは、別の面からみれば、公民館職員がめざすべき事業の姿を示すものでもある。

### 成果が見えにくいむつかしさ

　ところが、公民館の事業の成功であるとか、職員の力量自体の成長も確認しにくいこところがむつかしい点である。

　　職員6:公民館の仕事って、すごく目に見えない分野だと思いますね、やっぱり。その目に見えない分野で、目に見えないことがものすごく大事なんやなっていうふうに思いますね。それって、生きていく上でも大事なんやないかなっていうふうに思うし、特にそう思いますね。

　　職員4:力がついてないとおかしいとは思うんですけど、力がついてるかどうかって言われると、自分では「ついてます」っていうのはそんなに自信を持って言えないなというふうな感じもありますんで、何とも言えないんですが。

　対人援助職や公民館職員のように利用者との関係をとおして講座をつくっていく仕事では、その成果そのものがみえにくい性格をもっている。つまり、ある意味で、複雑系であるから因果関係は見えない。職員としても力が付いていなければならない時期だとしても、「ついてます」って自信をもって言い切ることのできないところがある。

　奈良市の公民館職員のヒヤリングでもこの点のつらさが垣間見えている。少し論点が外れるが、事業の効率化を確認するためと称して成果の数値化というような動きがあるが、それとは別の方向で計画化と評価をめぐる課題に応えていかなければならないのではないか。つまり、職員と住民が自分たちの成果に確信をもつことのできる評価手法を開発しなければならない。その試みの一つがロジック・モデルによる参画型の計画・評価の手法であった。

### 利用者との関係のむつかしさ

　もう一つは、住民との関係のむつかしさである。いうまでもなく住民は多様である。公民館に好意をもって利用する人もいれば、関心をもたぬ人、ときには敵意をもつ人もいないわけではない。そうした人たちすべてに接しな

ければならないのが職員である。

　職員7：いろんな方の相手しなきゃいけないんです。限られてないので。イン：はい。職員7：ですんで、そのかたがたの意見を、どのように受け止めてやるかだと思います。実際、何やっても「だめや」って言う人は、だめって言わはります。ただ、そういうかたを相手しなきゃいけない。切り捨てるわけにはいきませんので、そこら辺には、すごい難しさは感じてます。

　職員11：なかなか目線を合わせてつきあっていただけないかたに物事を伝えるときに、すごく苦労しますね。難しいなと思いますね。人って、同じこと言われるのでも、それこそ誰に言われるかとか、どんなタイミングで言われるかっていうので印象が全然違うと思うんですね。そういうことで言うと、例えば注意しなければいけないときに、相手にいかに正しく伝わるかっていうのはですね、それはほんとに難しいなと。

　看護師の力量形成でも、患者や家族への対応がもっともむつかしい実践課題であった。「達人」になる関門でもある。なぜなら、一つの正解がない、どんな状況でも同じ対応が正しいわけではないからである。状況を見極めながら、とっさに対応する判断力、認識力、行動力が総合的に必要な課題である。公民館の仕事は、もともと人びとと関係をつくるために行なう実践であり、人びとの関係性を資源としながら働きかける実践という性格をもつ。したがって、コミュニケーションの力、理解力、調整力、表現力など人間的な力が試される仕事である。しかも、学校のような権力的な関係を前提に成り立つ仕事でない所にむつかしさがある。

　利用者との関係は、一方では、職員の「やりがい」を生みだす母胎でもあるが、他方では、苦悩の源泉でもあるといえるだろう。この両者の関係のなかで「揺れながら」も積極的に学び、かつ働きつづける、それが公民館職員の姿に他ならない。

## 8　公民館職員の専門性と研修機会

#### 公民館職員の成長とは

これまでの分析をまとめてみよう。

公民館職員にとって、プログラムのデザイン・実施は彼・彼女たちの仕事のなかで中心的な位置を占めている。ところが、初心者の職員たちも、すでにあるプログラムをもとにして、自分の公民館への参加経験に依拠しながら、あるいは、大学で学んだ知識をもとにして、形式的には、すぐにプログラムをデザインすることが可能であった。その技能自体はもちろん進歩するが、基本は比較的容易に学べるわけである。

しかしながら、それでは十分ではないと職員たちは考える。なぜなら、このプログラムには利用者のニーズも、地域住民の思いや参加の意思など大切な要素が欠けているからである。したがって、職員たちは、このニーズを把握（ニーズ・アセスメント）するために信頼関係を築く努力を重ねつづける。さらに、職員たちは地域資源を発見し、それを開発するためにコミュニティワークの手法を使いながら能動的に働きかけていた。こうした視点の転換自体が公民館職員としての力量の成長を表現していることを見てきた。

10年の経験を経た公民館職員は「一人前」以上の力をもっているであろう。彼らは、参加においても住民一人一人の自己実現を大切にしながら、その先に地域の well-being を高めることをめざしつつ、これらの資源を使って（ネットワーク化と資源動員）住民とともにプログラムをつくっている。

#### 公民館職員の力量の構造

しかしながら、公民館職員たちにとって自分の成長がなかなか実感できない現実がある。この点、「私にドンとまかせな」と自信をもって成長を確認できる看護師と大きく異なる。この揺らぎの理由の一つは、公民館職員の仕事が対人援助を中心とするものだからだが、もう一つの側面として専門職として必要とされる力量、これに対応する技術・知識の内容が明確でないからでもある。

そこで、これまでの公民館職員の語りの分析から整理される専門性を支え

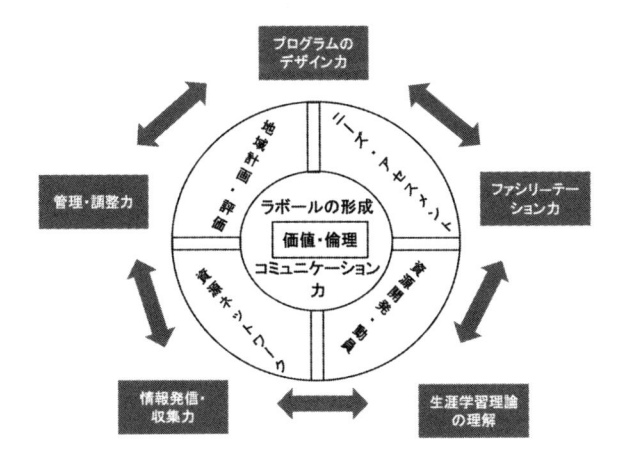

**図6-1　公民館主事の専門性の構造（概念図）**

る知識・技術、価値・倫理の関連を構造的に示してみたい。（図6-1）この点は、試論として公民館職員の方々に吟味していただきたい。了解可能でなければ、妥当性は確証されないからである。

　まず、中心には価値や倫理が位置づく。そのなかには「仕事に前向きな姿勢」もはいってくる。これは、職員の方たちが重視している側面でもあるが、大切な点である。なぜなら、専門職ということであれば、「倫理綱領」として共有されるべきものだからである。先の分析では「一人ひとりの自己実現を支援する」ということであった。この点は明確ではないが、職員の方たちが住民の方々の自己決定や参加を大切にしていることも、社会正義の実現ということとともに、この価値や倫理に含まれるべき内容となろう。

　第2に、それを踏まえてでてくるのが利用者とのラポール、信頼関係をつくるための職員たちの姿勢であり、これをつくる技術である。洞察、認識、表現力などをふくむコミュニケーション力が必要となる。職員たちは日々の仕事をとおしてこうした力量を少しずつ高めている。その目標は利用者のニーズを正しく把握することである。

　第3に、公民館の利用者との関係だけではなく、職員たちは積極的に地域にでて住民との結びつきをつくろうとしていた。これがコミュニティワーク

の技法である。この内容を具体的にみてみると、4つの側面がある。①地域ニーズのアセスメントの技術、②資源を開発・動員する技術、③諸資源をネットワーク化する組織化の技術、そして④地域計画づくりと評価の技術である。もちろん、これらを職員の方たちすべてが習熟しているということではない。ここには必要があるべきものを示している。

　第4層が、職員の実行力を支えるより具体的な技術である。これは語りではあまり明確に触れられていなかった。職員たちは、ここで本当の勝負をしないということかもしれないが、やはり専門性を支える重要な要素である。①プログラムのデザイン力、②ファシリテーション力、③生涯学習の理解、④情報の発信・収集力、そして⑤管理・調整力もキャリアパスを考えると必要になる。

　くり返しになるが、これはあくまで試論である。まずは、公民館職員の方たちが議論しながら、共通認識をつくりだしていくことが大切である。専門職は、すでにあるものではなくて、集団的に認知を広げ、つくりだしていく、広い意味でいえば、政治的なプロセスだからである。誤解を恐れずにいえば、なくても主張するべきことである（めざすべきもの）。

### どのように力量を高めるのか

　奈良市の公民館職員たちは、独力で、試行錯誤しながらこうした理解をつくりあげてきた。しかしながら、それは個別の努力であって、決して、望ましい姿ではない。一人ひとりの職員は意欲も高く、利用者、住民とともに活動をつくるなかで、学びつづけていることがわかる。それは大切ではあるが、財団として見た場合、とくに専門職の集団として見た場合にも、新しく採用される職員たちの教育をどのようにつくっていくのか、ということを考えるべきではないか。なぜなら、公民館職員の力量とは、個人のものではなくて、住民と職員たち、異動してきた職員を含めて歴史的に蓄積してきた「関係的能力」だからである。自分だけで仕事はできないはずである。

　この公民館職員の専門性の構造からは、職員が力量を高めるための研修の構成を理解することが可能である。

　まず、第1に、もっとも外側の具体的な5つの力量の内容を見ると、これ

は学校というフォーマル・エデュケーションや職員同士のワークショップなど、ノンフォーマル・エデュケーションなどで学ぶことができる内容である。職員の研修機会を計画的に組織化することもできるだろう。

　第2に、これに対して、コミュニティワークに関する力量である「ニーズ・アセスメント」、「資源の開発・動員」、「地域資源のネットワーク」そして「地域づくりの計画・評価」、そして第2層の利用者・住民との「信頼関係」「ラポールの形成」の技術は「ケース研究」や「事例検討会」がもっとも有効な方法となるはずである。学習論的にも、専門職者の力量形成は実践コミュニティへの参加のなかで図られるということが主張されている。この点は、分析を示さなかったが、大型館で職員同士の議論のなかでプログラムをつくる過程が「勉強になった」、キャリアのなかで「ぜひ経験すべき」といわれていることからもわかる点である。

　第3に、職員がもつべき「価値・倫理」は実践を方向づけるものである。「価値」とか、「倫理」というと大げさではあるが、この内容を明確化して、公民館職員としてどのようなことを大切にして仕事をするべきなのか、つねに実践をふり返りつつ自分のものとして確立することが大切である。

　公民館は市民に学ぶ機会を提供する機関であるが、同時に、職員同士が学びあう組織でもあるべきではないだろうか。〈専門職〉、これをかかげるのであれば、その定例化と制度化は必須の条件である。

　ヒヤリングの語りにあったように、「学びつづけるのが公民館職員」だからである。

注
1　これは、奈良市生涯学習財団に「社会教育に関する専門的な知識・経験を有する」専門職として採用され、10年の経験に有する常勤職員を対象とした調査である。
2　いうまでもなく、患者を相手にする看護の仕事は、日常的なものであっても命にかかわる働きかけであり、失敗は許されない。試行錯誤するのではなく、「徐々に複雑さを増す小世界」と呼ぶ考え方にもとづいて学習環境＝労働環境をつくることが不可欠なのである（松尾 2006）。

# 終章　社会教育の社会的価値
―― 震災の経験をとおして

**はじめに**

　学ぶとは、とくに社会教育はどのような価値をもっているのだろうか。近年、趣味や娯楽に公的なお金を使うなんて無駄である。無駄といわないまでも、そのような趣味・娯楽のプログラムであれば、民間の文化産業やカルチャーセンターに任せて、公的社会教育はもっと「公共性」のある事業に焦点をおくべきだという言説が大きくなっている。その結果、「公共性」を説明しやすい学校教育や家庭教育との連携・支援や地域づくりに具体的に結びつく事業をつくることが求められている。

　これに対して、どう反論できるだろうか。そもそも教育とはそうした実用的な役割や、金銭には換算できない意義があるという反論が考えられる。確かに、学ぶということは、わたくしたちのものの見方や考え方を批判的にふり返ることであり、だからこそ社会教育は金銭には換算し尽くせない大きな価値がある。かつて、次のようにこの点に述べてきた（高橋 2003: 68）。

　　　一見、役に立たないとみられても、そうした学びを大切にすることこそが文化というものではないか。あくせくと地域の課題に人びとをかりたてるのではなく、趣味や教養をめぐる学びを相互に認め合う地域の人びととの関係をつくりたい。大げさにいえば、それこそが民主主義や社会的権利などの歴史的遺産を豊かにすることではないか。

　地域づくりに社会教育施設・事業を収斂させる狭量な公共性観をこう批判してきた。しかしながら、市民参加の基盤としての機能をはたしているという見解をわたくしはもっており、実証の一端を示してきた（高橋 2009:40-46）。さらに評価論でいうアカウンタビリティのための評価という点から、金銭に換算できるものは試算を試みることは必要であるとも考えてきた。むしろ、

終章　社会教育の社会的価値　167

数値化される評価を技術的合理性として反射的に拒絶する学問的態度に違和感をもっている。要は、方法的限界を正しくつかむこと、評価の信頼性と妥当性を不断に高める努力をすることへの合意をつくることが大切なのである。

　ソーシャルキャピタルと成人教育、社会教育との関連を理論的・実証的に検討した研究は少ないだけでなく、その実証も説得力に乏しい（J. フィールド＝矢野ほか訳 2011, 松田 2012）。ここでは3.11の東日本大震災への対応に関する調査をふまえつつ、社会教育の社会的価値をできるだけ具体的に示したい。
　以下、まず、①学校を事例に、津波からの避難のプロセスや避難所運営を通してみたソーシャルキャピタルや社会教育の価値を示す。次に、②住宅団地の高齢者の震災時の対応のプロセスを描きつつ、〈安全・安心〉をつくる上でのソーシャルキャピタルの重要性を確認する。最後に、③生涯学習調査をとおして、学ぶことと震災ボランティアへの参加との関連を明らかにすることをとおして、社会教育の社会的価値を数値的に確認したい。

## 1　震災をとおして見た「地域と学校」関係

### はじめに

　〈震災と学校〉ヒヤリングの分析をとおして「地域と学校」の関係を描いていく。震災・津波に被災した直後から、学校・教師の方々が子どもたちを守るためにどのように動いてきたのか、その後の学校再開までの歩み、そして授業再開後の学校運営や子どもの教育の課題などについてのヒヤリングを行った。そのなかから「地域と学校」との関係が見えてくる「語り」をとりあげたい[1]。「避難時」、「学校再開のプロセス」、「授業再開後」の局面に分け「語り」の分析を通して、「関係」をつくる契機、内容、その機能などについて明らかにしたい。

### 学校が地域住民を守る

　学校と地域との関係は、日常的な両者の交流のなかから生まれるものであるが、感覚的にはわかるものの普段はその具体的な姿は見えにくい。震災は、

改めて「地域と学校」との関係をわたくしたちに見せつけたといってよい。つまり、震災・津波という危機が、地域と学校との〈共同性〉の契機を生みだしたのである。

**住民を救助する**

その関係は、まず、震災・津波からの避難の過程であらわれる。対象学校の半数は災害・津波の際には避難所に指定されていた。したがって、大きな揺れがつづくなか住民たちは学校へと避難してくることになる。あるいは、学校から高台に避難する学校でも、教師たちは住民を誘導し、津波に巻き込まれそうになっている住民を救うために懸命に、まさに命をかけて動いたことがわかる（ヒヤリングをした学校のなかでも、津波に巻き込まれた住民を助けようと亡くなった教師がいる）。

> 津波がもう川沿いに見えてきたので、私も入ろうとしました。「教頭も、さあ、入りなさい」ってことで。ところが、ギリギリになってくるかたが数名、バタバタとおりまして、私の近くにも、近くのおばあさんが運転した車が来まして、私は、その車から降りてきたおじいさん。歩けないおじいさんだったので、私がおんぶして、校庭から校舎に入れました。校舎に入った途端に波が来るという状況で、間一髪というような状況でございました（気仙沼市南気仙沼小）。

> 校長 えーと、私たちと男の職員、下から行ったんですね。したら地域の人、おばあさんが、もう素足だったんですけど、もう腰立たなくて動けない人いたもんだから、若い男の教員３人がかりでおぶせて、勾配が急なんですよ。そして登っていって、そうですね、とにかく行った道でなかったからねえ、初めてだから（石巻市雄勝小）。

もちろん、津波に流される住民を見つけたとき、自分の危険を省みずとっさに救助しようとするのは自然な行為かもしれない。しかし、そのなかに教師としての使命感があったことも事実ではないかと思う。住民を守りたいと思う覚悟があるからこそ、濁流のなか助けを呼ぶ住民に対して何もできない自分のふがいなさに「悔しさ」を感じるのである。

終章　社会教育の社会的価値　169

　津波から逃げる避難の過程で、さらに住民たちの命を守る上で学校・教師が大きな役割を果たした。過疎化と高齢化がすすむ沿岸部地域では中学校の生徒たちや学校の教師が避難のなかで重要な役割を期待もされている。

**住民の支援を受ける**
### 一緒に子どもを守る
　しかし、震災・津波の危機のときに学校・教師たちが一方的に救助するだけではない。とくに高台や学校に避難して孤立したとき、地域の住民のもつ力が大きな役割を果たした。つまり、相互的な支援の関係がある。
　避難先には、もちろん、食料も暖房も照明さえもない状況であった。しかも、幼児から高齢者まで、なかにはケガをしたり、呼吸器をつけた方もいて、不安と寒さのなかで過酷な状況にさらされつづけた。そのとき、地域の住民たちが大きな力となっている。

　　神社の周りの木を、ほぼ燃やし尽くしてしまって。で、神社にちょっと謝りながら、神社の周りの板を削って燃やしたりとかもしてたんですけども、ほんとに足んなくなってきて、「ちょっと、これは凍死させてしまうかも」っていうふうに思っていたんです。そうしたら、お父さんたちが、下の、2階建ての家が流されたところに、土台に木の柱が、こう埋まってますよね。その土台を全部壊して持ってきて、それを燃やして、何とか夜明けを迎えることができました（南三陸町戸倉小）。

　　そうやっていろいろ心配したんですけども、あとは、熱を出す人が多少出てきたので、……2人ほど、養護教諭の手当てが必要だった人もいました。あと、避難者の中に、うちの保護者でもあるんですけれども、開業医のお医者さんがいまして、そのかたも様子を見てくれましたんで、重症になることはなしに朝を迎えることができました（気仙沼市南気仙沼小）。

　養護教諭が病人を看護するとともに、保護者でもあり、地域住民として避難してきた医師が住民を守る役割を果たしていた。避難所でも看護師さん、大工さん、コックさんなど様々な職業をもつ住民が力を尽くした。地域はそうした多様な人材の宝庫であり、彼らの自主的な動きによって避難の過程や

避難所での生活が支えられた。

**物資を持ち寄る**

危機を脱して、避難先に落ち着いてから住民の方たちが大切な支援の力となっている。とくに震災直後からしばらくは行政機能が完全にマヒしていたので、住民たちの自助と互助の力で危機を乗り越えざるをえなかった。

まず、どの学校でもそうだが、地域の住民たちはすばやく物資を避難所に運び込む。余震がつづく不安のなかで過ごさざるをえない状況のなかで食料や発電機は心強い支援であった。

　　かつて相川のこのあたりの地で住んでて津波に遭ったかたが集団で移転をして、その子育て支援センター、高台にあるんですけども。その周辺にこう集落を作って、集団地って名前なんですけども。……そこからの支援物資とかいうことで、その夜からは若干、食べ物が得られたりとか。だからその集団地が、昔かつての津波の影響を受けた人たちがいたってことで、すぐこう対応していただいたっていうような話は聞きましたけども（石巻市相川小）。

　　地域のかたで、山内組ってあるんですけれども、建設業者です。そこから発電機を1台持ってきたんですね。自発的ですけどね。「設置すっから」と、夕方。1台試して、投光器もついてたもんです。外から教室を照らしたんです。その電気が使えるっていうことで、……ＦＦのストーブはついたんですね。電量の低いのは、ついたんです（石巻市橋浦小）。

先に、しばらく機能がマヒしていたと書いたが、情報網が途絶していたからだけではない。そもそも行政の制度的な対応では状況の異なる避難所に適切な支援ができない、それが危機的状況である。だからこそ、より小さな単位での行動の意志決定の仕組みが必要となることを、わたくしたちは今回の震災から深く学ばねばならない。

**自律的な分業体制**

避難所の運営でも、自然に役割分担が決まって行ったという。役員だけが

頑張るのではなく、住民が自主的に志願して作業を担っている。

> 本当に、分業ですね。そのかたは、ずっと精米してました。その人、シジミ取りの船頭さんっていうような、漁業のかたが、その精米。あと、ここに、薪（まき）で食事、調理場を作ったんですね。調理場があって、そこで木を割ってる人、この人もずっとそうだし、あと、プールの脇に、おふろ。昔、鉄砲ぶろって、薪でたいたやつを、ここから持ってきて、ちゃんと薪でプールの水で沸かしてたんですね。本当、同じ顔の人たちが、やっぱり「俺は、これしなくちゃねんだな」っていうか、「役目だよ」みたいな。調理場も、テントの下で、でっかい釜で、どんどんできましたので、食事は本当に幸せだったんじゃないかなと思います（石巻市橋浦小）。

運営や仕事への自発的な参加があるところでは、避難の過程もそうであるが、避難所運営もスムーズに行われた。これと対照的なのが、商用や旅行で帰宅できなくなった人たちが流れ込んだ避難所の運営であった。地区自治会の役員たちは献身的に運営・支援をしてきたが、彼らは行政や避難所運営をしている役員たちに不満を言うだけで相互に助け合おうという行動にはならない状況があったという。

### NGO・NPO の役割

しかしながら、地域住民の互助の力だけで解決できるわけではない。ここでのテーマは「地域と学校」だが、地域外からの NGO や NPO の支援の役割を看過するわけにはいかないだろう。例えば、やはりボランティアが活躍した。津波被害を受けた地域へのボランティア活動だけが注目を受けるが、震災直後からたくさんのボランティアが動き始めている。ある小学校では、一人暮らしの高齢者が自宅（集合住宅）に帰る条件をつくるために、ボランティアが地震で倒れ散乱した家具・食器類を掃除して帰宅の条件をつくっている。

NGO も際立った活躍をみせた。これは南三陸町戸倉小学校の例だが、ワールドビジョンという国際 NGO が子どもたちの学用品から学校の機器・備品、学童クラブの運営までも引き受けて学校の再開と運営に大きな役割を果たしている[2]。南気仙沼小学校でも学童保育を NPO が支援している。宮城県では、

こうしたNGOやNPOたちが県と連携して担当自治体を調整・分担しつつ支援にはいっている。

災害のときではあるが、学校を中心に地域、そしてサードセクターの諸組織との連携がつくられてはじめて学校の再開や復興への対応が可能であったといえよう。地域との連携の大切さはよくいわれるが、こうしたNPO、NGOとの散発的でない協働は学校にとっても初めての経験となった。地域と学校の復興の力を考えるときにも大切な点である。

### 即興のガバナンス
#### 即興のガバナンスとは

「即興のガバナンス」、ここで突然むつかしそうな言葉を使っているが、要は、危機的な状況のなかで、協同行為が必要とされるときに関係する人たちがつくりあげた意思決定の仕組みというような意味である。避難時もそうだが、避難所でも学校の教師や子どもたち、そして住民たちが一緒に行動し、暮らすことになった、そのときに共通のルールや意思決定をする関係である。

つまり、教育委員会の機能を含めて行政機能がマヒした状況のなかで、しかも、先行きの見えない状況のなかで、自分たちの進む道を即決しなければならない。即応性や柔軟性のある運営が求められる。そこでつくられるのが、この即興のコミュニティ・ガバナンスである。

#### 自然にできる連携

ヒヤリングをした学校ごとに違いはあるが、学校と自治会など地域の住民組織との連携が即座に、かつ自然な形で形成されている。以下は、石巻市橋浦小の事例である。

> 保健課のかたなんですね。そのかたと話しして、「どうぞ、いろいろお願いします」と。そのかたと、公民館のかたと、あと地域のほうは、山内組の会長さんってかたがいらっしゃいまして、孫がこちらにいて、その会長さんが、自然に地区民代表みたいな形になるんですね。イン：ああ、なるほどね。まあ、土地の名士っていうか、力のあるかたなんですね。校長：そ

うですね、信頼されてるかたなもんです。だいぶ、そこで働いてるかたも大きいので。多分、地区全体で。その奥さんが、民生委員さんなんです（石巻市橋浦小）。

もう一つあげよう。南三陸町戸倉小である。

　私（戸倉小校長）と戸倉中の校長、それから、そのときに来てた戸倉地区に住んでらっしゃる志津川の公民館の館長さん、それから消防団の責任者のかた、それから、もう1人、県の職員のかたがいらして、その5人か6人で、「ちょっと、これからのことを考えましょう」ということで、打ち合わせをしながら進めていくってことになったのですが、その県の職員のかたが、登米市とのパイプを持ってたんですね（南三陸町戸倉小）。

大切なことは2つである。一つは、このように即座に、自然に役割分担ができるためには、それぞれの役割や期待についての相互理解が存在しているはずである。その地域の力が何であり、どのように育まれたのかを考えなければならないだろう。もう一つは、このガバナンスのなかで校長先生が、したがって、学校が中心的な役割を期待されているということである。つまり、「地域と学校」との関係のなかで、学校は中心的な責任を期待されているのである。そして先生たちはそれを見事にはたしたといってよい。

### 地域とのつながりをつくる
　インタビューした当時、被災した学校の将来像は不透明であった。こうしたなかで、学校は様々な行事をとおして地域とのつながりを維持・強めようと意識的に働きかけていく。ここでは2つの行事を紹介したい。

### 卒業式を行う
　まず、卒業式である。津波に被災したにもかかわらず、この混乱のなかで卒業式を行っている。とくに地域と学校との関係を示しているのが石巻市相川小学校である。

3月の16日に一応、形だけでも、修了式と卒業式をやりましょうということにしましたので。それを告げに各地区を手分けして、15日に回って。子どもたちに知らせて、各浜ごとに集まって、修了式と卒業式やるよということで。16日の午前中に、職員と校長と教頭、全部含めて回って、それぞれの浜で修了式と卒業式を校長の話で行った (石巻市相川小)。

　卒業式を各浜ごとに開催し、この浜の住民と先生たちが一緒になって行っている。なぜ、浜ごとなのかわからないところもあるが、住民から見た「地域認識」を反映しているのだと思われる。

### 運動会を行う

　それよりも校長先生たちが意識的に行ったのが運動会である。運動会を開く意図を次のように語っている。

　　保護者もばらばらなんで、やっぱり気持ちが。うちのほうの保護者は、被災した子どももいっけど、自分のうちが残ってるし、吉浜はほとんどないし、相川は半分、仮設に行ってるとか、避難所にまだいるとかっていう、そういうような状況が全部違うので、やっぱり、「子どもたちが、こうやって頑張ってますよ」っていうことを見せる、いい機会じゃないか (石巻市橋浦小)。

　このように分散・流動化している保護者や住民たちとのつながりを学校行事によりつくる機会としてとらえられている。したがって、運営も工夫をしている。

　　もう、避難所で自分の弁当も作れないわけですよ。だから、午前中、特に早いうちにやめて、あとバスで帰って、自分で食べると。そしたら、ボランティアさんが、「炊き出ししますから、どうぞ、午後から、お祭りみたいにしていいですか？」っていうから、「待ってました」みたいな感じで、炊き出しだったらそのまま残って、みんなで、話はしないまでも、一ところで同じ物を食べて、いい雰囲気になるんでねえかなっていって、子どもたちもそう思って、ほっとして、かき氷だの何だのって、いっぱい食ってたんですが、そういうなのもらって、親子の久しぶりのいい時間 (石巻市橋浦小)。

この語りに見るように、間借りしている学校との共同の行事として運動会を開催しているが、なによりも地域住民、保護者の方たちを学校と結びつける機会であり、保護者・住民たちの「復興に向けての元気づけ」を意図していることがわかる。その意味で、コミュニティワークとしてみても、地域の一体感や、参加のきっかけとしては効果的な技法なのである。つまり、学校は行事をとおして保護者や住民たちの心をつなぎ、参加をつくりながら、地域の復興に働きかけている。

学校は「別々の行事にこだわる」、「子どもの姿を見せる」、「学校情報をきめ細かくだす」など、保護者や地域との結びつきをつくるための懸命の努力をしてきた。

### 「地域と学校」の関係

以上、簡単に見てきたことから「地域と学校」の関係をめぐり、2点だけ指摘しておきたい。

第1に、教育委員会を含め行政の限界がはっきり見えた。正確ではないが、石巻市ででた少ない指示の一つは、「学校運営を校長同士で話し合いながら、地区運営から、それに任せます」という伝達である。この行政の空白のなかで「即興のガバナンス」が立ち現われざるをえないのである。制度的に決められたものではなく、このガバナンスが大切なところは、責任を引き受ける覚悟と住民の能動的な参加のなかでつくられるというところであろう。校長には適切なリーダーシップが期待されたが、程度の差はあるものの、それを見事にはたしたといってよい。

第2に、こうした「即興」の対応が可能なのは、普段からの地域住民と学校との交流があって、顔の見える関係がつくられているからである。つまり、ソーシャルキャピタルである。この点、それぞれの学校では住民の協力をえながら地域の伝統文化や自然を活かした教育活動を大切にしてきたことが、この危機のときに結びついたといえよう。「教育のコミュニティ」、わたくしたちの領域では実践コミュニティへの参加のなかで教師と住民の方々が共通理解や〈信頼関係〉を育んできたことが大きいのである。学校への多様な参

加が、教育的な意味をもつだけではなく、子どもたちを守る力をもった事例である。

## 2 高齢者の〈安心〉をどうつくるのか

### はじめに

次に、震災時の高齢者の行動と地域の住民の支援の動きを紹介しよう。高齢者の安全・安心をつくる地域の力である[3]。

3.11の震災は、津波によって東北地方の沿岸部を中心に大きな被害をだした。津波によりたくさんの人命が失われ、家屋や道路も広範囲に、かつ徹底的に破壊されることとなった。したがって、沿岸部の津波により被災した地域や被災者に注目が寄せられたことは当然といえるだろう。

では、内陸部は何の影響も受けなかったのだろうか。そうではない。地域を担当する保健師が憂慮している問題の一つに、被災しなかった地区に住む高齢者の「生活不活発病」による健康への影響がある。仮設住宅の生活は過酷だが、少なくても医療・保健チームにより定期的で、重点的な見守りがつづけられている。これに対して、内陸部の高齢者への対応はどうしても対応は不十分となり、遅れざるをえない状況にある。つまり、問題は少なくない。

あの大きな地震のときに一人暮らしの高齢者がどのように行動したのか、震災をどのように経験したのかということを明らかにしながら、高齢者の〈安心〉を守る条件をどのようにつくるのか、ということを考えたい。

### 調査の概況と対象者の特徴

#### 鶴ヶ谷地区と調査の概況

改めて鶴ヶ谷地区の概況をふり返ろう。この地区は、およそ40年前に仙台市が主体となって開発した住宅団地である。もともとは雑木の丘陵地だったところを開拓して宅地化してきた。人口は15,654人、世帯数で7,167世帯という構成である。急激に高齢者化がすすみ、高齢者化率も現在33.8％以上を示している（平成22年現在）。分析の基礎となる震災後の高齢者調査は、住民懇談会の場で、震災の際の高齢者の状況を把握したいという要望があり、

その要請を受けて計画されたものである。

調査は鶴ヶ谷地区の4つの町内会の協力をえて行われた。選定の基準は、地区のなかで「孤立している」あるいは「引きこもりがち」な高齢者である。こうした基準で、民生委員や町内会役員が95人の高齢者を選定し、あらかじめ協力を打診して了承をえた方々、返事のなかった高齢者77人を対象にした。調査にあたっては、倫理に配慮し、①調査の目的、②テープの録音の説明、③情報管理などについて説明し、同意書をもらって実施された。以下の分析は、テープで記録できた24人を分析の対象としている。

### 高齢者の特徴

ここで対象者となった高齢者の特徴について確認しておきたい。

まず、第1に、分析で注目したもっとも基本的な属性は居住形態である。なぜなら、大きな地震の生活への影響ともっとも関係する因子だからである。一つは、地震により家具や食器などが落ちて散乱したが、その影響も部屋数などが違うので、一戸建てと集合住宅とでは異なる状況が予想される。対象者は町内会ごとに選択されたが、その町内会と居住形態がほぼ対応している。一戸建てが9人、公団住宅が5人、そして市営住宅が8人、その他1人である。この居住形態は地域のなかでの階層の違いを端的に示している。支援住宅の入居は所得条件があるから、それが反映される。

第2の特徴は、年齢である。70代の後半から80代が対象者となっており、後期高齢者が対象となった。男女の比では、女性が16人に対して男性は7人と女性の比率が高くなっている。第3に、世帯形態では死別・離別を経て現在単身世帯となっている人がほとんどである。高齢者夫婦の世帯は3世帯にとどまる。第4に、健康状態を見ると、現在の健康状態としては「健康」「まあ健康」が多いが、すべての人が何らかの病気を抱えて通院していることもわかる。

### 引きこもっていなかった

地震時の状況のヒヤリングからからわかることは、対象者は実際には引きこもってはいなかったということである。かなりの方が買い物など外出先で

地震に遭遇している。なかには勤務先で地震にあった方もいるほどである。

調査員の判定では、以下のような理由があげられている。「独自のコミュニティ」は、地区内では少ないが、より広い地域に出て活動し、人びととの交流をもっている人（4人）である。さらに「地域での交流が少ない」人たちが「孤立している」と判定される（5人）ようである。病気による交流の困難（7人）もある。もちろん、「他者への不信感」をもっていたり、「性格（なじめない）」という方のなかには、「引きこもり」に近い方もいるだろうが、地域の認識には実態とのズレがあることには留意してよいだろう。

## 震災時の行動と誘導
### どこで被災したのか

対象者となった高齢者が地震に遭遇したのは「自宅」が多い。14人の人が「自宅」で寛いでいるときに地震にあっている。地区内外の公共施設（老人センターやプールなど）を利用していた人は3人、移動中のバスのなかという方もいる。したがって、「移動中」の方は、そこにいた方々と一緒となるが、「自宅」で遭遇したときには「一人で」という高齢者がほとんどであった。

その地震のときにはなすすべなく揺れが過ぎるのをまっていたというのが発災時の状況である。高齢者たちは身近にあった机や椅子に「つかまる」、あるいは「柱にすがりつく」のが精一杯であった。テーブルの下で身を守るという危険回避の行動ができたのは2人だけであった。この点は、課題として残る点である。

### 「声かけ」から避難所への誘導へ

高齢者たちは「自宅」で、しかも「一人で」地震に遭遇した。なすすべなく揺れが過ぎるのを待つことになった。その不安のなかで大きな役割をもったのが近所の人たちによる「声かけ」・「安否確認」である。

この点は、後に少し詳しく分析するが、ほとんどの高齢者に対して「近所の人」「民生委員」など町内会の人たちがすばやく動いたことが分かる。13人にのぼる。さらに、「声かけ」だけではなくて、必要な方には「民生委員」の方々や、班長さん、会長さんなど「自治会役員」の方たちが避難所へと「誘導」し

ていることがわかる。これらは居住形態による違いはあまりないようである。
　これに対して、避難先については居住形態による違いが鮮明にあらわれている。「一戸建て」ではほとんどの方が「自宅」で待機していた。8人中7人が「自宅」である。これに対して、集合住宅である「公団住宅」及び「市営住宅」では「集会所」(6人)、「学校」(3人)となっている。「自宅」で震災の夜を過ごしていた4人にとどまっている。
　つまり、避難所は集合住宅の方たちの避難先として機能していたといえる。

### 高齢者の〈安心〉を支えたもの──自助・互助・共助の力
#### 「大したことないよ」の意味
　意外だったことの一つは、この地震を経験して「大地震ていったって、大したことないよ」という語りが少なくなかったことである。これは神戸の大震災のときもそうだといわれている。なぜなのだろうか。よく分析してみると、これは高齢者の経験と関係して生まれてくる意識である。以下、インタビューの「語り」を手がかりに〈安心〉を支えるものが何かを考えていきたい。
　まず、第1に、戦争体験との比較で、「たいしたことない」と評価される。

> Sさん：何も、電気もない。音もゼロ。イン：そうですよね。Sさん：真っ暗なんていったら、ほんとにどうしようもねえもん。風呂は、入んねえなんてね、1か月入んねえだって心配ねえんだ、俺は。イン：ライトはね。Sさん：終戦後の思いを体験してるから、風呂さ入んなくたって死なねえというような感じ。全然。

　第2に、これと同じような性格をもつのが、津波で大きな被害を受けた地域との比較のなかで「たいしたことない」という認識である。

> Cさん：まあ、あたしは年寄りだからいいけども、子どもたち、子どもだの若い人たちは、ほんとに我慢したでしょうね。でも、いいですよ、津波で流されるよりは。仙台辺りの人たち、羨ましいなと思ったもの。津波で流されたのは何にもないんだもんな。仙台だって、海岸通りの人たちはだめだけども、こっちのほうの人たちは、地震で壊れたっていったって、津波の人たちから比べたらほんとに100分の1ぐらいの苦労だもん。あっ

ちは何にもないんだもの、みんな。みじめですよ、ほんとに。行ってみて、ほんとに涙流れてた、あの跡見て。

　第3に、これも人生の軌跡を受けての感情であろう。それは「自分ひとりだから」ということである。この方は若くして夫と子どもを事故で亡くして、今ひとり暮らしの方である。

　　Hさん：やっぱりこれが、子どもがいたりね、親戚は親戚でそれはありますけど、自分の血を分けた子とか、そういうあれがね、自分の家族っていうのがないっていうのは、わりあいに気が楽ですね。気が楽って変ですけど、一人だから。あたしがたとえどういうことあったって、別に、そんなに世の中だって困んないしね、どうってことないでしょう？だから、やっぱり子どもがいないっていうのは気楽だけど、寂しいときもありますね。イン：ああ。Hさん：はい。でも、自分で選んだ道で、そういうふうに生きてきた自分の人生だから、今更どうこう言えませんしね。だから、独り身って、やっぱり家族がおありになるかたとは違うと思いますね。

　逆に、ひとりだから頑張らなければならないという意識があり、それが「たいしたことない」、「さびしくない」という発言となる方もいる。

　　Aさん：それは、地震の、やっぱり鬱になりたくないと思ってっから、自分で元気出してるよ。イン：自分で元気出してる。じゃあ、震災前と変わんないんだ、そういう面では。Aさん：うん。みんなに褒められるもの、「しっかりしてるよね」って。「一人で寂しくないの？」とかって言われっけど、寂しくない人いないよ。うん。もうね、どこさいった。あっちこっち、二つ持って歩いてっから。イン：何持って歩いてんの？　Aさん：ラジオ。ラジオがね、今、いいのばっかりやってんだ。被災した人たちの話とか、頑張ってる話ね。イン：いいね、そういうの。Aさん：新聞もそういうのいっぱい載ってるから、新聞読んで、涙流して。でもね、めそめそっていう顔は、人に見せない。でないと、人寄ってこないもの。明るくしてないと。

　人生も80年を生きてきた高齢者であるから、大地震の受け止め方も、それぞれの経験に照らして了解されるのは当然なことといえよう。こうした歩

みを経てはじめてでる「たいしたことない」という発言として理解できる。

### 「声かけ」から避難所への誘導へ

では、「たいしたことない」という発言は、これらの要因だけなのだろうか。地震による避難所生活は快適ではない。余震に不安を感じつづけた。高齢者の方たちが〈安心〉を感じ取ることのできる要因があることを見なければ、高齢者特有の意識の問題に解消されてしまうことになろう。

では、〈安心〉を生みだす力とは何だろうか。まず、先にみたように、地震直後の「声かけ」「安否確認」そして「避難所への誘導」があったということである。民生委員、町内会の役員、近所の担当者の方たちが高齢者を見守り、危急のときに声をかける態勢がすばらしく機能していたことがわかる。対象者のほとんどの方たちが直後に働きかけをうけていることが大きい。

　　　Hさん：一番助けになったの、他人ではね、やっぱりチバさんっていう同じ棟の人に、集会所まで連れていってもらった。そして、私、座らんないし、寒いし、みんなは毛布だの何だの持ってって、うちから運んだったって、私、歩かんないっちゃ。そのために、結局私は、実家にいっとき、このセーターにカーディガン来たとこに、あと、毛糸のオーバーみたいなのを着てたからさ。

　　　イン：じゃあ、民生委員さんが来てくれて、避難されたわけですね。HNさん：そうですね。イン：民生委員さんは、どれぐらいでいらしたんですか。HNさん：民生委員さんは、どれくらいとおっしゃると？　イン：時間ですね。HNさん：時間的には、声かけていただいて、それから夜ずっと一緒でしたから。ここにいるっていうと、年寄りとか、身寄りのないっていうか、お知り合いのかたはそれぞれ分散したらしいんですけど、私みたいなのはそこにみんな集まったんですね。イン：ああ。HNさん：はい。イン：じゃ、とりあえず地震が起こって、民生委員さんが声をかけに来てくれて、避難したという。HNさん：そうですね。

　　　イン：ただ、町内会の班長さんの奥さんから声がけもありで、集会所に行ってたんですね。Kさん：そうですね。「行ってますよ」って外で聞こえたか

ら、それで私も「ああ、そうだ」と思って。まあ、前からね、何かのときは集会所に集まるというのは聞いてましたからね。イン：そうだったんですか。この町内で？　Kさん：ええ。イン：町内で決まりがあったんですね。Kさん：うん。だから、人のいる所に行けばちょっと心強いかなと思って。

このように、震災時の「声かけ」や避難所への「誘導」が速やかに行われる関係があるということが〈安心〉にとって大きな意味をもつのである。

### 「自助」の力

その後の避難生活のなかでは、第1に、形としては〈自助〉の側面である。普段の生活習慣であるが、これが地震に備えての食料品等の備蓄として機能した。あるいは自分で買い出しをすることも自助の形である。

> Sさん：ずっとね、食料品、あと、全部入ってましたからね。冷凍食品から、冷蔵庫たまたまいっぱいになっててね。だから、みんなで食べても大丈夫だったんですよね。食糧の心配ないし、水の心配もないし。イン：水もあった？　Sさん：水は買ってあったからね。イン：すごいですね。Sさん：ふだん飲んでるから、買っとくんです。薬飲むからね。イン：そうですね。Sさん：うん。だから、水あれしといて。だから、おかげさまで、水くみに行く苦労もないしね。イン：ああ、そうですね。Sさん：皆さんね、30分、1時間並んだっていうから。その苦労は知らないのね。ありがたかったですけどね。

こうして普段の備蓄や、自分での買い出しなどをして、何とか「自分でしのぐ」ことができた方が少なくなかった。

### 〈互助〉の力——インフォーマルな支援

第2に、家族や親族からの支援はやはり大きな力となっている。これもインフォーマルな支援の力である。

> Oさん：その次の日あたりは、「おばちゃん、どうした」って言って甥が来て、ガラス戸やなんかみんな落ちたから、それをはめるのが、あたしの

力じゃサッシ重くて上がんないから。開けっぱなしでも、倒れたのを起こして地べたに立てかけて、上のほうに隙間あったけど、そんなとこから風入ってきたっていいやと思ってそのまんまあれしてたから。次の日かな。イン：次の日ぐらい。Oさん：うん。次の日あたり、甥と甥の子どもとが、「おばちゃん、食べるものなくて困るんじゃない？」とかって、食べるものの乾いたものと、水かな。飛んできてくれて、落っこったサッシの戸を敷居に上げて、はめてくれたから、風入ってこなくなった。

第3に、近所の助け合いを含む〈インフォーマルな互助〉の関係である。以下は、近隣の関係であるが、自治会活動を一緒にした方が震災時に支援をしてくれている。

　　Mさん：いや、去年一緒にここの自治会の役をやった人なんだ。広報部っていう、一緒にやった人で。イン：ああ。自治会の広報部。Mさん：自治会の広報部。若い夫婦ね。25と22か。イン：お若いですね。Mさん：うん。女の子が22だから、なんかうちの孫みたいで、そのあと、ほとんど毎日のように夜、遊びに来てたから。イン：ああ。Mさん：何だと思ったら、目的がこれだったんですよ。この居間のテレビ。自分らは古いのを見てたから。女の子に「Mさん、遊びに行っていい？」って言うから、「ああ、いいよ」って2人で来て、だんなのほうと一緒にここで飲んでたりした。

ここで大切な点は、近所だから支援があるというわけではないということである。この例でもそうだが、自治会活動を一緒にした経験があるからこそ、危急のときに「近助」の力が発動するのである。逆にいうと、こうした普段の関係をどうつくるのかということが課題となるということでもある。

### 〈共助〉の力——ノンフォーマルな支援
　第4に、自治会や民生委員など、ノンフォーマルな支援の制度は避難誘導や安否確認でも役割を果たしたが、これが避難所運営や高齢者の生活支援でも大きな力として活躍している。

　　Tさん：あとね、こういう60、70歳以上だったかな、の人たちの世帯を、

全部棟ごとに監視してくれてる係の人がいるわけです。イン：へえ。Tさん：福祉委員っていうのかな。これは、団地の人と、それから周りの町内、一戸建ての家の人たちの全体のまとまりで、こういった感じのまとまりで係が決まってるわけ。その人たちが、とりあえず団地の人たちが「大丈夫か」って必ず見回ってくれて、それがすごく安心。安心ということと、あとは感謝しましたね。……そういうのが、誰をおいても、とりあえず年取った人を初めに声かけて、無事かどうか確認しようっていうこと。それが、この団地ではね、きちっとできてるので。いつもはね、何もしてないんだけど、世話になりっぱなしで、安心していられるとこですね。

　イン：そうなんですね。じゃあ、次ですね、行政とかNPOとか民生委員のかたとかからの連絡とかって、あったんですか。Oさん：あったよ。ボランティア、ほら、いろんなものがみんな倒れちゃって、重いもの、家具？起こしてもらわなきゃなんないから、民生委員の人が、「こうこう、こういうとこに頼むとボランティアの人が来てくれるよ」って言って教えてくれたから、そこ頼んで。それで、力仕事だから、男の人をなるべくよこしてくれっていって、頼んでね、延べ人数23人使った。……うん。だって、そういう方法があって、ボランティア頼むなんて、知恵回んなかったもん。

　今回の震災で津波にあった地域でも民生委員の方たちが自らの命を顧みず多くの高齢者を救ったというが、鶴ヶ谷地区でも民生委員、福祉委員の方たちが直後から懸命に「声かけ」「誘導」そして避難所でのケアなどで大きな力を発揮している。もう一つ、ここで大切なところは、物資による支援などもそうだが、ボランティアの支援なども、こうした民生委員、福祉員が仲介することによって初めて高齢者たちに届けられるということである。行政による「公助」は、「互助」をとおして高齢者に届くのである。

**安全・安心をつくるもの**
　災害のとき高齢者の〈安心〉を支えるもの。それは、もちろん家族の関係も大きいが、これは精神的な安心の面が大きい。むしろ、避難の過程や物資の支援を媒介するものとして考えると、近隣に顔の見える関係がいかにつくられているのかが決定的に重要であろう。まず、近隣同士のインフォーマル

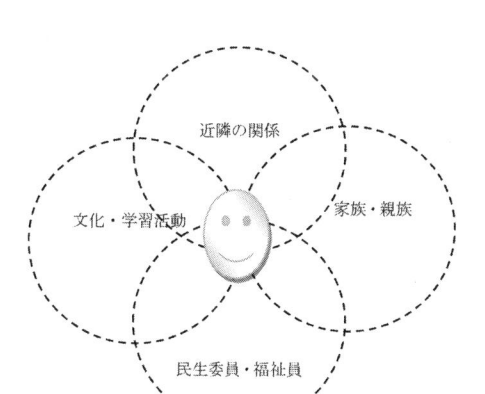

**図終-1　高齢者の〈安心〉をつくる互助の関係**

な付き合いがあるが、さらにそれをある程度組織的に支える町内会レベルの態勢が必要となる。そして、顔の見える関係をつくる上で、レクリエーションや文化・学習などを活発に展開できるまちをつくるということが課題になることも明らかであろう。もちろん、民生委員や福祉委員など社会福祉の組織が大きな役割を果たしていたことも見逃せない。

　高齢者の安全・安心をつくるもの。そのイメージは**図終-1**のように描くことができよう。

　こうした社会的なつながりに幾重にも包み込まれていることを実感できる。これが〈安心〉を生みだす力である。

## 3　学習と震災ボランティア活動への参加
―― 仙台市の生涯学習調査から

　これまで学校と地域との関係、高齢者の安心・安全をつくる上での地域社会の重要性を確認してきた。地域に蓄積されたソーシャルキャピタルは、3.11の大震災の時にもわたくしたちの暮らしを支える大きな役割を果たしてきたことが理解いただけたかと思う。

　これらの例でも、ソーシャルキャピタルを育む上で学習が役割を果たしていることがわかるが、ここではより明確に学ぶことの意義を確認したい。学

ぶことが市民の社会的活動への参加とどう結びつくのかという点の確認である。2011年3月11日の後に行われた仙台市の生涯学習調査にもとづいて、以下、①学習することと市民活動・社会的活動への参加との関連を見るとともに、②震災ボランティアへの参加を貨幣換算したときの社会教育が生み出した貨幣的価値について試算を試みたい。

**だれが学んでいるのか**

調査時点までの1年間に何らかの学習活動を行った者の構成は以下のようである。男性は女性に比して学習した者の比率が少し高いが顕著な違いではない。(**図終-2**) 学歴との関係では、**図終-3**にみるように、最終学歴が高いほど学

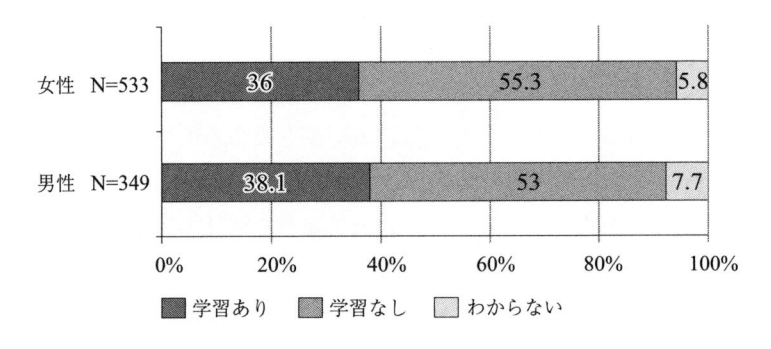

図終-2　男女別の1年間の学習経験

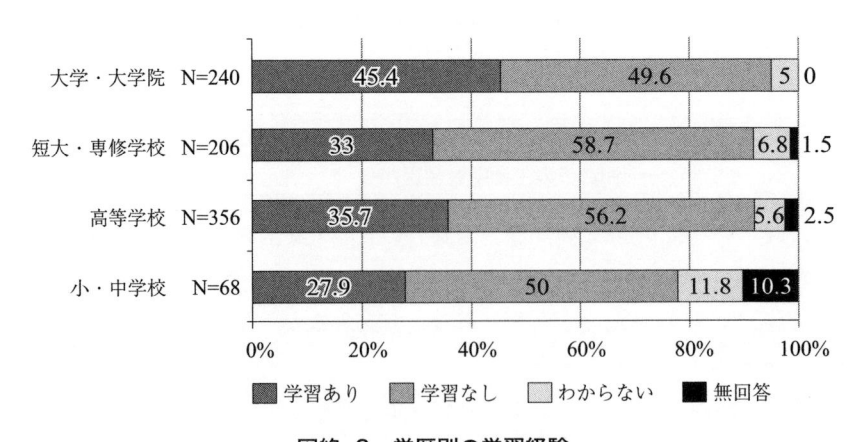

図終-3　学歴別の学習経験

習経験も増えていることが分かる。

### 学習とボランティアへの参加

では、学ぶこととボランティア活動への参加とは、どのような関連があるのか。まず、震災関連のボランティア活動への参加状況を見ると、男女別では女性24.9%(133人)に対して、男性は34.3%(120人)と高い数値を示している。つまり、男性の方が震災関連のボランティア活動への参加率は高い。

**図終-4**は、学習経験の有無と震災ボランティア活動への参加との関連を示している。見るように、「学習経験あり」では43.8%の人が震災ボランティアに参加していることがわかる。これに対して、「学習経験なし」では参加は18.7%にとどまる。25ポイントの参加率の違いがある。カイ２乗検定を用いて検定した結果、1％水準で有意差が認められた。ここから、「学習は震災ボランティア活動への参加を促す役割を果たした」、といえよう。

では、どのような学習がボランティア活動に結びつくのだろうか。ここでは学習形態と学習内容に限って考察してみたい。

学習形態と震災ボランティア活動への参加との関連を見たのが**表終-1**である。「大学の講座」を受講した者は75％となっているが、全体数が少ない。参加の比率が高いのは、「サークル活動・文化団体」の48.2％と、「公共施設の講座」の52.6％である。「一人で学ぶ」の比率が低いことから推察できるよ

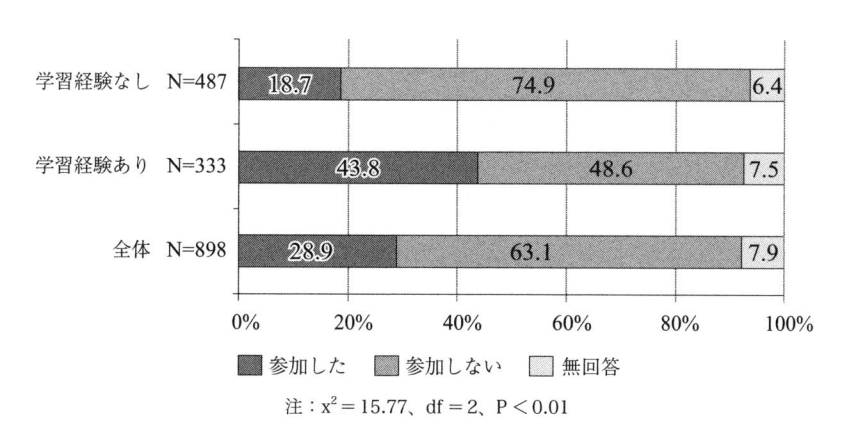

注：$x^2 = 15.77$、$df = 2$、$P < 0.01$

**図終-4　学習経験と震災ボランティアへの参加**

**表終-1　学習形態別ボランティア活動への参加**

|  | 参加した | 参加しない | 無回答 | 計 |
|---|---|---|---|---|
| 一人で | 26 (29.5) | 52 (59.1) | 10 (11.4) | 88 (100.0) |
| 大学の講座 | 6 (75.0) | 1 (15.0) | 1 (15.0) | 8 (100.0) |
| 民間の講座 | 18 (33.9) | 34 (64.2) | 1 (1.8) | 53 (100.0) |
| 市民の自主的学習 | 7 (41.2) | 10 (58.8) | 0 (0.0) | 17 (100.0) |
| サークル活動・文化団体 | 40 (48.2) | 35 (42.2) | 8 (9.6) | 83 (100.0) |
| 公共施設の講座 | 20 (52.6) | 18 (47.4) | 0 (0.0) | 38 (100.0) |
| 全体 | 146 (43.9) | 162 (48.6) | 25 (7.5) | 333 (100.0) |

うに、ただ学ぶというだけではなくて、共同で学習することが大切である、つまり、学習方法を含めて、いかに学ぶのかということがボランティア活動への参加に関連すると考えることができる。

次に、学習の内容とはどう関係しているのか。**表終-2**では「一般教養」と「生活関連」そして「地域課題」との3つに大きく分けて整理している。

まず、「一般教養」的な科目の学習をした者のボランティア活動への参加比率は比較的低いことが分かる。3割台がほとんどである。これに対して、「生活関連」科目のうち、「趣味」及び「家庭系」は3割ほどなのに、「福祉系」と「体育・スポーツ」は比較的高い数値となっている。さらに、「地域課題」に関する学習である「地域づくり」及び「防災・安全」に関する学習をした者は、それぞれ69.2%と59.9%を示している。つまり、これらの学習をした者はボランティア活動への参加比率が高い。

以上から、学習はボランティア活動への参加と結びつくが、とくに、いか

**表終-2　学習内容別ボランティア活動への参加**

|  |  | 参加した | 参加しない | 無回答 | 計 |
|---|---|---|---|---|---|
| 一般教養 | 人文科学 | 10 (43.5) | 10 (43.5) | 3 (13.0) | 23 (100.0) |
|  | 社会科学 | 7 (33.0) | 13 (61.9) | 1 (4.8) | 21 (100.0) |
|  | 自然科学 | 3 (37.5) | 5 (62.5) | 0 (0.0) | 8 (100.0) |
|  | 芸術 | 20 (39.2) | 29 (56.9) | 2 (3.9) | 51 (100.0) |
|  | 語学・情報 | 7 (33.3) | 14 (66.7) | 0 (0.0) | 21 (100.0) |
| 生活関連 | 趣味 | 2 (31.5) | 24 (63.2) | 2 (5.3) | 38 (100.0) |
|  | 家庭系 | 8 (30.8) | 15 (57.7) | 3 (11.5) | 26 (100.0) |
|  | 福祉系 | 15 (60.0) | 7 (28.0) | 3 (12.0) | 25 (100.0) |
|  | 体育・スポーツ | 26 (49.1) | 21 (39.6) | 6 (11.3) | 53 (100.0) |
| 地域 | 地域づくり | 9 (69.2) | 3 (23.1) | 1 (7.7) | 13 (100.0) |
|  | 防災・安全 | 11 (59.9) | 7 (36.8) | 1 (5.3) | 19 (100.0) |
| 全体 |  | 146 (43.9) | 162 (48.6) | 25 (7.5) | 333 (100.0) |

に学ぶのかという学習形態や何を学ぶのかという学習内容と関連していることが明らかとなる。

**学習の価値を貨幣換算する**

今回の調査では、過去一年間のボランティア活動への参加日数及びボランティア従事時間数の概算を答えてもらっている。むろん、震災ボランティアはほとんどが無償のボランティアであるが、これを最低賃金で支払われたものとして貨幣換算を試みた。つまり、ボランティアを貨幣換算することによって学習がどのくらいの「価値」を算出しているのかということを明示化することを意図した。

まず、学習経験の有無によるボランティア活動の従事時間の平均を算出してみた。これが**表終-3**である。平均従事時間数は、「学習経験あり」が64.7時間ほどであるのに対して、「学習経験なし」は52.4時間ほどである。「学習経験の有無」により平均でおよそ12時間ほどの差がでていることがわかる。

次に、これをもとに、新たに生み出した価値を貨幣価値換算してみる。この調査は無作為抽出をしているが、母集団である仙台市の20歳以上の人口840,936人に換算して総ボランティア活動従事時間を算出し、これを仙台市の最低賃金674円で震災ボランティア活動の「賃金」総額を算出している。これを見たのが**表終-4**である。

これにみるように、「学習経験あり」という人たちは延884万時間ほど働き、

**表終-3　学習経験別の震災ボランティア従事時間**

|  | 調査数（人） | 延べ時間数（h） | 平均時間数（h） |
|---|---|---|---|
| 学習経験あり | 124 | 8,018 | 64.66 |
| 学習経験なし | 68 | 3,565 | 52.43 |

**表終-4　学習経験別の算出価値の貨幣換算**

|  | 参加延べ時間 | H22・最賃 | 貨幣換算 |
|---|---|---|---|
| 学習経験あり | 8,840,643 | 674 | 5,958,593,070 |
| 学習経験なし | 4,467,645 | 674 | 3,011,192,489 |
| その他 | 996,251 | 674 | 671,473,076 |
| 合計 | 14,359,440 | 674 | 9,678,262,558 |

それを貨幣換算すると59億58百万円ほどの価値を生みだしている。これに対して、「学習経験なし」という人たちは446万時間で、30億円ほどにとどまる。その差、およそ30億円ということになる。学習は30億の新たな価値を生みだしているといえる。もちろん、誤差があるだけでなく、貨幣換算すること自体への批判もあろうが、学ぶということが個人的な楽しみや自己実現というだけでなく、社会的価値を生みだす力があることを改めて確認したい。

## おわりに

　この本では、わたくしたちの暮らしをよりよいものにするために地域社会をつくる実践をコミュニティワークとしてとらえ、その教育的実践の視点と具体的な方法論を描いてきた。地域社会も、そしてそこでの暮らしも、その定義からして包括的であり、コミュニティワークも社会福祉領域のソーシャルワーカーだけでなく、社会教育職員、保健師、教師、NPO職員、自治会役員など、多様な人たちがそれぞれの役割を果たしつつ、かつ緊密な連携をはかりながらすすめるべき課題である。

　しかしながら、これらの職員たちに共通して求められるのは、言葉の正しい意味での教育的視点である。多様性をもち、かつ包摂的な地域社会をつくるのは長期の展望のなかで取り組むべき課題であり、地域社会をつくるもっとも重要な主体はそこに住む住民であることを忘れてはならない。大切なのは、ソーシャルキャピタルを育むこと、つまり、人びとの参加とエンパワーメントを図ることである。専門職・者は教育的実践を駆使する力量をもつ必要があるが、しかし、あくまで支援者なのである。

　2011.3.11の東日本大震災は甚大な被害を東北社会にもたらしたが、その一方で、上述のソーシャルキャピタルの豊かな地域の力をまざまざと描きだしたように思われる。終章の事例はわたくしが知りえたほんの一例に過ぎない。復興への取り組みはまだ始まったばかりであり、住宅再建や雇用の確保などをみても困難が予想されるが、復興のプロセスはソーシャルキャピタルを使いつつ、かつそれを再生する歩みでもある。コミュニティワークの教育的実践とは、これを支える視点であり、かつ具体的な実践の方法論でもある。

## 注

1 このヒヤリングは、被災した宮城県内の小学校7校(南気仙沼小・戸倉小・相川小・橋浦小・吉浜小・雄勝小・鶴ヶ谷小)、中学校5校、高等学校1校を対象としている。このうち小学校だけを分析にとりあげている。したがって、ここでの「地域」とは、小学校区である。

2 ワールドビジョン・ジャパンは大きな国際NGOのブランチである。わたくしが知っている限りでは、モンゴルの成人教育の制度をつくる際にも大きな役割を果たしている。南三陸町の学校給食を支援してきた。

3 この調査は、仙台市宮城野区、鶴ヶ谷地区の健康のまちづくり懇談会(連合町内会、地区社会福祉協議会、市民センターなどを含む)、認知症介護研究・研修仙台センター、東北大学、仙台白百合女子大学などの共同で実施された。

# 参考文献一覧

1. 阿部志郎・右田紀久恵・永田幹夫・三浦文夫編、1986、『地域福祉教室―その理論・実践・運営を考える―』有斐閣。
2. Adiyanyam, Dagvadorj, Enkh-ochir Khuvisgalt、高橋満、2010、「貧困住民層のライフコースと成人教育の課題―ホギーン・ツェグ：絶望の淵からの報告」、東北大学大学院教育学研究科『研究年報』第59集、第1号、159-186頁。
3. 安藤丈弘・坂田周一・小林良二編、1996、『社会福祉計画』有斐閣。
4. Beck, Dave, Rod Purcell, 2010, *Popular Education Practice for Youth and Community Development Work*, Learning Matters Ltd.
5. ビル・リー著、武田信子・五味幸子訳、2005、『地域が変わる、社会が変わる 実践コミュニティワーク』学文社。
6. The Calouste Gulbenkian Foundation, 1968, *Community Work and Social Change: a Report on Training*, Longman.
7. Chaskin, J. Robert et al (eds.), 2001, *Building Community Capacity*, Aldine De Gruyter.
8. Cooke, Ian, Mae Shaw eds, 1997, *Radical Community Work*, Maray House Publications.
9. Dewey, John, *Democracy and Education*, Dover Publications, INC. New York, 1916 (=2004. デューイ、J.,『民主主義と教育』(上)(下)、岩波書店).
10. Dewey, John, 1938, *The School and Society $ the Child and the Curriculum*, Dover Publications, INC. New York (=2004. デューイ、J.,『学校と教育』、講談社学術文庫).
11. Dewey, John, *Experience and Education*, Touchstone book, 1916 (=1997. デューイ、J.,『経験と教育』、講談社学術文庫).
12. Dionnne Jr., E.J., 1998, *Community Works: The Revival of Civil Society in America*, Brooking Instituttion Press, Washington, D.C..
13. エスピン―アンデルセン、G., 京極高宣監修・林昌宏訳、2008、『アンデルセン、福祉を語る―女性・子ども・高齢者―』NTT出版。
14. Field, John, 2005, *Socail Capital and Lifelong Learning*, The Polity Press.
15. 福岡寿編著、2002、『コーディネーターがひらく地域福祉』ぶどう社。
16. フレイレ、P., 小沢有作訳、1979、『被抑圧者の教育学』亜紀書房。
17. 濱野一郎・野口定久編、1996＝1999、『コミュニティワークの新展開』みらい(株)。

18. 平野隆之・宮城孝・山口稔編、2001、『コミュニティとソーシャルワーク』有斐閣。
19. 平野隆之、2008、『地域福祉推進の理論と方法』有斐閣。
20. 平野隆之・原田正樹、2010、『地域福祉の展開』日本放送出版協会。
21. 平塚眞樹、2006、「移行システム分解過程における能力観の転換と社会関係資本：「質の高い教育」の平等な保障をどう構想するか？」、日本教育学会『教育學研究』73（4）、391-402頁。
22. 岩田正美、2008、『社会的排除―参加の欠如・不確かな帰属―』有斐閣。
23. 瓦井昇、2003、『福祉コミュニティ形成の研究―地域福祉の持続的発展をめざして―』大学教育出版。
24. 木全和巳、2007、『わたくしたちはソーシャルワーカーです―社会的な相談・支援の実践をつくる』萌文社。
25. 一番ケ瀬康子、1998、『地域に福祉を築く』旬報社。
26. 池田勝徳、2004、『21世紀高齢社会とボランティア活動』ミネルヴァ書房。
27. 井村圭壮・豊田正利編著、2008、『地域福祉の原理と方法』学文社。
28. 井上英夫・川崎和代・藤本文朗・山本忠編著、2011、『障害をもつ人々の社会参加と参政権』法律文化社。
29. 石神文子・遠塚谷冨美子・眞野元四朗編著、2007、『精神障害者福祉の実践―当事者主体の視点から―』ミネルヴァ書房。
30. 岩堂美智子・松島恭子編、2001、『コミュニティ臨床心理学―共同性の発達―』創元社。
31. 金子勇、1998、『地域福祉社会学―新しい高齢社会像―』ミネルヴァ書房。
32. Karen Grover Duffy, Frank Y. Wong, 植村勝彦監訳、1999、『コミュニティ心理学―社会問題への理解と援助』ナカニシヤ出版。
33. Knowlton, Lisa Wyatt & Cynthia C. Phillips, 2009, *The Logic Model Guidebook: Better Startegies for Great Results.*
34. 国際協力開発機構、2006、『途上国の主体性に基づく総合的課題対処能力の向上を目指して：キャパシティ・ディベロップメント～CDとは何か、JICAでCDをどう捉え、JICA事業の改善にどう活かすか～』国際協力開発機構。
35. 近藤克則編著、2008、『検証 健康格差社会―介護予防に向けた社会疫学的大規模調査』医学書院。
36. 近藤克則著、2006、『健康格差社会―何が心と健康を蝕むのか』医学書院。
37. 近藤克則、「社会関係と健康」、川上憲人・小林廉毅・橋本英樹編、2006＝2010、『社会格差と健康：社会疫学からのアプローチ』東京大学出版会。
38. Ledwith, Margaret, Jane Springett, 2010, *Paticipatory Practice: Community-besed action for transformative change*, The Polity Press.
39. Ledwith, Margaret, 2010, *Community Development: a critical approach*, The Polity press.

40. Lister, Ruth, *Poverty*, Polity Press, 2004 (=2011、リスター、ルース、松本伊智朗『貧困とは何か―概念・言説・ポリティックス』明石書店).
41. Livingstone, D. W., 2003, *Hidden Dimensions of Work and Learning: The Significance of Unpaid Work and Informal Learning in Global Capitalisation.*
42. 槇石多希子・高橋満、2011、「精神障害者の社会参加を支える支援ネットワークの形成」仙台白百合女子大学『人間の発達』第7号、21-45頁。
43. 牧里毎治、2006、『地域福祉論―住民自治と地域ケア・サービスのシステム化』日本放送出版協会。
44. 牧里毎治・野口定久・武川正吾・和気康太編著、2007、『自治体の地域福祉戦略』学陽書房。
45. 松村直道、1998、『高齢者福祉の創造と地域福祉開発』勁草書房。
46. 増田直紀、2001、『わたくしたちはどうつながっているか』中公新書。
47. 松端克文、「新しい地域福祉とコミュニティの活性化」、大阪府市町村振興協議会おおさか市町村職員研修研究センター、2007、『マッセOsaka研究紀要』(10)、23-37頁。
48. 妻鹿ふみ子編著、2010、『地域福祉の今を学ぶ―理論・実践・スキル―』ミネルヴァ書房。
49. 三浦文夫、1985、『社会福祉政策研究』全社協。
50. 宮川公男・大守隆編、2005、『ソーシャルキャピタル：現代経済社会のガバナンスの基礎』東洋経済新報社。
51. 宮本憲一、1973、『地域開発はこれでよいか』岩波書店。
52. 長崎和則、2010、『精神障害者へのソーシャルサポート活用―当事者の「語り」からの分析―』ミネルヴァ書房。
53. 内閣府国民生活局編、2003、『ソーシャルキャピタル―豊かな人間関係と市民活動の好循環を求めて―』。
54. 日本地域福祉研究所、2005、『コミュニティソーシャルワークの理論』。
55. 日本社会教育学会、2006、『日本の社会教育 第50集 社会的排除と社会教育』東洋館出版。
56. 野口定久、2009、『地域福祉論：政策・実践・技術の体系』ミネルヴァ書房。
57. 野村豊子・北島英治・田中尚・福島廣子、2000、『ソーシャルワーク・入門』有斐閣。
58. 二木立代表編者、2008、『福祉社会開発学―理論・政策・実際』ミネルヴァ書房。
59. 二宮厚美・真田是・仲田伸輝・桑本文幸、1998、『新しい福祉時代をつくる―市場化・規制緩和と民間社会福祉』かもがわ出版。
60. 野沢慎司編・監訳、2006、『リーディングス ネットワーク論：家族・コミュニティ・社会関係資本』(勁草書房)。

61. 小川利夫・高橋正教編著、2001、『教育福祉論入門』光生館。
62. 大橋謙策、1998、『地域福祉』日本放送出版協会。
63. 大橋謙策・千葉和夫・手島陸久・辻浩編、2000、『コミュニティソーシャルワークと自己実現サービス』万葉舎。
64. 岡田真、1981、『コミュニティ・ワーク論―地域づくりのノウ・ハウ』大明堂。
65. 岡村重夫、1974＝2009、『地域福祉論』光生館。
66. 奥田道大編著、1993、『福祉コミュニティ』学文社。
67. 大谷強、1993、『社会福祉から地域社会づくりへ』現代書館。
68. 大谷強、1995、『自治と当事者主体の社会サービス―「福祉」の時代の終わり、マイノリティの権利の時代の始まり』現代書館。
69. 大山博・武川正吾編、1991、『社会政策と社会行政―新たな福祉の理論の展開をめざして―』法律文化社。
70. Putnam, Robert, 2001, *Bowling Alone: The Collapse and Revival of American Community*, Simon & Schuster（＝2006、ロバート・D・パットナム、柴内康文訳、『孤独なボーリング―米国コミュニティの崩壊と再生』柏書房）.
71. Putnam, Robert, 1994, *Making Democracy Work: Civic Traditions in Modern Italy*, Princeton University Press（＝2001、ロバート・D・パットナム、河田潤一訳、『哲学する民主主義―伝統と改革の市民的構造』NTT出版）.
72. Renger, Ralph, Carolyn Hurley, 2006, "From theory to practice: Lessons learned in the application of the ATM approach to developing logic models", *Evaluation and Program Planning* 29, 106-119.
73. Renger, Ralph, Allison Titcomb, 2002, "A Three-Step Approach to Teaching Logic Models", *American Journal of Evaluation*, Vol.23, No.4, 493-503.
74. 佐藤寛編、2001、『援助と社会関係資本：ソーシャルキャピタル論の可能性』(アジア経済研究所)。
75. 柴田謙治編著、2009、『地域福祉』ミネルヴァ書房。
76. 島津淳・鈴木眞理子編著、2005、『地域福祉計画の理論と実践―先進地域に学ぶ住民参加とパートナーシップ―』ミネルヴァ書房。
77. 冷水豊編著、2009、『「地域生活の質」に基づく高齢者ケアの推進―フォーマルケアとインフォーマルケアの新たな関係をめざして―』有斐閣。
78. 園田恭一・西村昌記編著、2008、『ソーシャル・インクルージョンの社会福祉―新しい〈つながり〉を求めて―』ミネルヴァ書房。
79. ソンプソン、ニール、杉本敏夫訳、2004、『ソーシャルワークとは何か―基礎と展望―』晃洋書房。
80. 杉万俊夫編著、2000、『よみがえるコミュニティ』ミネルヴァ書房。
81. 杉本貴代栄編著、2004、『フェミニスト福祉政策原論―社会福祉の新しい研究

視角を求めて―』ミネルヴァ書房。
82. 杉本敏夫・斉藤千鶴編著、2003、『コミュニティワーク入門』中央法規。
83. スミス、A.、2004、『道徳感情論（上）・（下）』岩波書店。
84. 社会保障研究所編、1999、『社会福祉における市民参加』東京大学出版会。
85. 社会保障研究所編、1978、『社会福祉の日本的展開』全社協。
86. 高橋幸三郎編著、2004、『地域づくりの福祉援助―コミュニティワークはじめの一歩―』ミネルヴァ書房。
87. 高橋満、2003、『社会教育の現代的実践』創風社。
88. ――――、2009、『NPOの公共性と生涯学習のガバナンス』東信堂。
89. ――――、2009、「モンゴルの社会変動と成人教育」、東北大学大学院教育学研究科『研究年報』第60集、第2号、第58集、第1号、69-90頁。
90. ――――、2010、「地域の力とまちづくり・人づくり〜ソーシャルキャピタルと成人教育」認知症介護研究・研修仙台センター、『地域住民連携による認知症・介護予防サービス企画事例集〜地域づくりとソーシャルキャピタル』社会福祉法人東北福祉会、7-22頁。
91. ――――、2010、「福祉コミュニティづくりと公民館の存立関係―松本市島内地区公民館を事例に」、東北大学大学院教育学研究科『研究年報』第59集、第1号、129-158頁。
92. ――――、2011、「看護の力をどのように育むのか―労働の場における学びの構造と方法」、東北大学大学院教育学研究科『研究年報』第60集、第1号、143-168頁。
93. ――――、2012、「看護の力をどのように育むのか―労働の場における学びの構造と方法（2）」、東北大学大学院教育学研究科『研究年報』第60集、第2号、99-124頁。
94. 高森啓久・高田真治・加納恵子・平野隆之著、『地域福祉援助技術論』相川書房、2003＝2004。
95. 武川正吾、2006、『地域福祉の主流化：福祉国家と市民社会Ⅲ』法律文化社。
96. Thomas, D. David, 1983a, *The Making of Community Work,* George Allen & Unwin Publishers.
97. Thomas, D. David, 1983b, *Organising for Social Change: A study in the theory and practice of community work*, George Allen & Unwin Publishers.
98. 塚口伍喜夫・岡部和夫・松澤賢治・明路咲子・川崎順子編集、2010、『社協再生―社会福祉協議会の現状分析と新たな活路―』中央法規。
99. 辻浩、2003、『住民参加型福祉と生涯学習―福祉のまちづくりへの主体形成を求めて―』ミネルヴァ書房。
100. 鶴見和子・川田侃編、1989、『内発的発展論』東京大学出版会。
101. 右田紀久恵・上野谷加代子・牧里毎治編著、2000、『福祉の地域化と自立支援』

中央法規。
102. 右田紀久恵著、2005、『自治型地域福祉の理論』法律文化社。
103. 渡邉洋一、2000、『コミュニティケア研究―知的障害をめぐるコミュニティケアからコミュニティ・ソーシャルワークの展望―』相川書房。
104. 山本和郎、1998、『コミュニティ心理学―地域臨床の理論と実践』東京大学出版会。
105. 山本耕平、2004、『精神障害をもつ人が地域で暮らしていくために―介護保険統合論と、求められる社会的支援』かもがわ出版。

## 索引（事項・人名）

**事項索引**

【あ】

愛着・・・・・・・・・・35, 46, 52, 85, 87, 122
アイデンティティ・・・・・・・・・・35, 40
アウトカム・・・・・・86, 108〜111, 120〜125, 128, 129, 131
アウトプット・・・108, 109, 111, 112, 125, 129
アセスメント・・・・・・・・18, 19, 78, 83〜85, 91, 110, 162, 164, 165
アンラーン（→学びほぐす）・・・・・・32, 34, 41
一般地域組織化・・・・・・・・・・・・・・46, 47, 49
医療・保健・・・・・・・・・・・・・・・・・・63, 176
インキュベーター（孵化器）・・・・・・23〜25
インパクト・・・・・・・・・・・84, 106, 108〜111, 124, 126, 128, 129
インフォーマル・エデュケーション36, 104
エントリー・ポイント・・・・・・・・・・・・・・・92
エンパワーメント・・・19, 26, 73, 96, 104, 190

【か】

外国籍市民・・・・・・・・・・・・・・・・・・・・・・6, 7
介護予防・・・・・・・・52, 54, 87〜89, 110, 113, 118, 126, 148, 194, 197
学習論・・・17, 18, 20, 22, 26, 27, 32, 35, 41, 103, 104, 165
隔離（segregation）・・・・・・・・・・・・6, 7, 10, 13
価値・倫理・・・・・・5, 18, 132, 135, 163, 165
学校教育・・・・・・27, 28, 31, 33, 35, 59, 124, 133, 166
ガバナンス・・・・・・12, 19, 22, 39, 172, 173, 175, 195, 197, 203
機能主義・・・・・・・・・・・・15, 20, 47〜49
偽の問い・・・・・・・・・・・・・・・・・・・・・28, 29

教育理論・・・・・・・・・・・・・・・・・33, 53, 63
教育的アプローチ・・・・・・4, 5, 14, 16, 17, 19, 20
教育方法・・・・・・・・・・・・26, 29〜31, 33, 54
教授法・・・・・・・・・・・・・・・・・・・・・28〜30
共助・・・・・・・・・・・・・・・9, 82, 83, 179, 183
協同性・・・・・・・・・・・・・・・・・・・・・30, 122
協同の実践・・・・・・・・・・・・・・35, 104, 105
クライアント・・・・・・・・・・・73, 74, 78, 108
グローバリゼーション・・・・・・・・・・・・・・3
計画・評価・・・・・52, 99〜101, 104, 105, 160, 165
経済協力開発機構（OECD）・・・・・・・・・・31
ケース検討会・・・・・・・・・・・・・・・・・・・・40
ケースワーク・・・・・・・・・・12, 13, 15, 73
血縁・・・・・・・・・・・・・・・・・・・・・・・・・・71
結合型（→橋渡し型）・・・・・・・・・70〜72, 74
健康増進・・・・・・・・・・・・・・・・・・・・・・59
公共空間・・・・・・・・5, 101〜103, 114, 130
公共性・・・・・・・・・・22〜24, 166, 197, 203
公共的な討議・・・・・・・・・・・・・・・・・・・・5
公民館・・・13, 14, 17〜19, 23, 27, 39, 76, 77, 87, 109, 132〜146, 148〜153, 155〜165, 172, 173, 197
公民館職員・・・・・・・・・19, 132〜141, 145, 148〜155, 157〜165
高齢化・・・・・・・・3, 23, 52, 112, 115, 148, 169
高齢者・・・・・・10, 14, 24, 44, 49, 50, 52, 55, 63, 67, 71, 73, 76, 87, 88, 112, 115, 119, 121, 148, 167, 169, 171, 176〜181, 183〜185, 193, 195, 196
国際協力開発機構（JICA）・・・・・・・・80, 194
国際連合開発計画（UNDP）
互酬性の規範・・・・・・・・・・・・・・・・・・60, 61

199

互助…9, 10, 82, 83, 170, 171, 179, 182～185
個別アプローチ……………………14, 16, 74
個別化………………………………11, 12, 15
コミュニティ・アプローチ…… 15, 16, 69, 74
コミュニティ・キャパシティ・ビルディング……………………………… 56, 78, 79
コミュニティ・ソーシャルワーク…… 198
コミュニティ・ディベロップメント……56
コミュニティ・リソース・ネットワーキング………………………… 89, 90, 149
コミュニティワーク………… 1, 4, 11～20, 67, 68, 99, 107, 145～147, 149, 162, 163, 165, 175, 190, 193, 197, 203
コラボレーション（協働）…… 37, 74, 86, 100, 101, 130, 203

さ

差別……………………………… 5, 6, 13, 26
市場化………………………4, 8, 11, 16, 48, 195
失業…………………………………………8
実践コミュニティ………… 6, 20, 36, 90, 104, 153, 155, 165, 175, 193
自助……………………… 82, 83, 170, 179, 182
市民活動…… 22～25, 32, 37, 41, 70, 71, 89, 90, 92, 95, 96, 186, 195
社会開発………………………… 58, 62, 195
社会学級…………………………23～25, 41
社会関係…………… 23, 53, 58～60, 62, 63, 71, 79, 82, 119, 149, 194, 196
社会教育………… 3, 13, 14, 17, 23, 27, 30, 37～39, 42, 53, 68, 73, 74, 99, 109, 114, 124, 127, 165～167, 186, 195, 197, 203
社会教育活動………………………………13
社会教育職員………… 4, 13, 18, 132, 190
社会計画……………………………………13
社会構成主義……………………… 31, 54
社会参加………………… 10, 11, 46, 194, 195
社会正義………………… 4, 5, 8, 10, 13, 18, 163
社会的活動…… 6, 19, 22, 35, 59, 71, 72, 82, 117, 128, 186

社会的サービス………………………10, 48
社会的実験…………………………………93
社会的排除……………… 4, 8, 10, 194, 195
社会的不平等………………………… 3, 13
社会福祉協議会………… 118, 151, 191, 197
自由主義的改革…………………… 3, 4, 17, 48
住民参加…………… 12, 47, 48, 99, 147, 196, 197
生涯学習………… 22, 23, 27, 56, 87, 90, 102, 132, 134, 135, 157, 164, 165, 167, 185, 186, 197, 203
承認と尊重・敬意………………………8, 11
震災 3, 6, 166～171, 176, 178～180, 182～187, 189, 190
真なる問い……………… 28～31, 38, 54, 101
信頼…… 15, 23, 35, 53, 59～64, 66, 67, 71, 75, 76, 82, 89～91, 93, 97, 101, 105, 109, 131, 140, 141, 143, 148, 149, 162, 163, 165, 167, 173, 175
信頼関係…… 61, 62, 75, 76, 82, 89～91, 97, 101, 105, 109, 131, 140, 141, 143, 148, 149, 162, 163, 165, 175
スポーツ活動………………………………76
生活問題………………………4, 13, 115
成功体験………………………69, 71, 77
政策決定……………………………………12
成人教育………8, 13, 167, 191, 193, 197, 203
精神障害………………… 8, 9, 194, 195, 198
世界銀行…………………………43, 58, 80
創発的協同……… 36, 37, 101, 102, 104, 130
ソーシャルキャピタル… 17, 23, 52, 56, 58, 60～62, 64, 69, 70～78, 82, 86, 88, 89, 96, 97, 109, 167, 175, 185, 190, 195～197
ソーシャルワーカー… 4, 8, 12～14, 40, 56, 73, 76, 79, 190, 194
組織化… 13, 18, 19, 46, 47, 49, 72, 86, 92, 93, 141, 156, 164, 165

た

対人援助職………………………………40, 160
地域援助法…………………………………17
地域化………………………………4, 11, 198

地域課題……………………5, 13, 148, 188
地域活動………………………………22, 36
地域資源………………………16, 162, 165
地域社会…………… 3, 5, 7, 9, 10 〜 12, 14,
　15, 18, 20, 23, 34, 46 〜 49, 51, 56, 63, 64,
　71 〜 74, 76, 79, 86, 109, 117, 132, 156,
　185, 190, 196
地域づくり… 17 〜 20, 23, 24, 47, 73, 74, 86,
　112, 145, 151, 165, 166, 188, 196, 197
地域の力（地域力） 16, 52, 67, 68, 78 〜 81,
　83, 85, 91, 92, 131, 173, 176, 190, 197
地域福祉　11 〜 13, 20, 37, 42, 46, 48, 55, 88,
　99, 112, 125, 129, 193, 194 〜 198
地域福祉計画……………………20, 99, 196
地域包括支援センター………76 〜 78, 112,
　121, 148
地縁…………………………………… 70, 71
知識………… 11, 17, 19, 27 〜 29, 31, 33 〜 36,
　41, 58, 67, 80, 81, 95, 104, 107, 109, 111,
　120, 121, 123, 127, 129, 131, 133, 146, 151,
　162, 163, 165
津波………… 167 〜 171, 173, 176, 179, 184
転移………………………………………… 33
当事者………5, 7, 9, 10, 14, 15, 47, 48, 114,
　194 〜 196

な

内発性……………………………………81, 85
内発的発展………………………………197
認知的葛藤…………………………39, 40
ノンフォーマル・エデュケーション… 36,
　104, 165

は

橋渡し型………………………70 〜 72, 74
貧困……… 3, 6 〜 8, 10, 13, 44, 56, 193, 195
貧困化……………………………………3, 7
福祉コミュニティ………15, 18, 20, 46 〜 49,
　51, 194, 196, 197
福祉サービス…………………11, 12, 49, 52

福祉のまち……… 42, 46, 49, 51, 52, 54, 55,
　96, 197
不正義……………………………………… 5
包摂……………… 3, 5, 7, 9 〜 11, 20, 59, 190
包摂的な地域社会…… 3, 5, 7, 9, 10, 20, 190
保健師…… 9, 13, 40, 87, 107, 114, 130, 133,
　148, 176, 190
ボランティア……… 6, 10, 12, 17, 44, 46, 50,
　52, 53, 59, 63, 116, 121, 147, 148, 167, 171,
　174, 184 〜 189, 194
ボランティア活動……… 46, 52, 53, 59, 63,
　171, 185, 187, 188, 189, 194

ま

まちづくり…………… 17, 23, 32, 37, 39, 42,
　45, 46, 49, 52, 55, 62, 87, 88, 91, 92, 95, 96,
　98 〜 101, 109, 112 〜 115, 117, 127, 131,
　191, 197
学びほぐす……………… 32 〜 34, 36, 40, 41
民営化…………………………………4, 11
民主主義…… 5, 23, 34, 41, 60, 166, 193, 196
民生委員…… 34, 35, 76, 114, 173, 177, 178,
　181, 183 〜 185

や

ユネスコ………………………………31, 58

ら

労働市場…………………………………… 7
ロジック・モデル…… 65, 86, 99, 104, 105,
　107, 108, 110, 111, 113, 114, 121, 122, 124,
　125, 127, 130, 131, 160

**欧文**

CCB……… 79 〜 83, 91, 92, 94, 96, 121
CCB アプローチ……………………81, 82, 96
NPO……… 9, 11, 22, 24, 25, 36, 105, 140,
　171, 172, 184, 190, 197, 203
well-being………… 18, 51, 56, 58, 60, 73, 76,
　77, 79, 86, 117, 132

## 人名索引

アースタイン ,S……………………19, 102
大橋謙策……………………13, 14, 196
岡村重夫……………………46, 196
右田紀久恵…………………12, 193, 198
加納恵子……………………15, 197
瓦井昇………………………48, 194
鶴見和子……………………81, 197
鶴見俊輔……………………32

パットナム ,R ………… 23, 60, 61, 71, 196
フレイレ ,P ……………………29, 104, 193
牧里毎治……………………46, 195, 198
増田直樹……………………56〜57
三浦文夫……………………48, 193, 195
宮本憲一……………………81, 195
リスター ,R ……………………8, 10, 195

**著者紹介**

高橋　満（たかはし　みつる）
　　1954年　茨城生まれ
　　専門領域：成人教育研究、生涯学習研究
　　新潟大学法文学部卒業
　　東北大学大学院教育学研究科博士課程単位取得退学
　　教育学博士（北海道大学）
　　東北大学教授

**［主な著書］**

『NPOの公共性と生涯学習のガバナンス』2009年、東信堂
高橋満・槇石多希子編著『ジェンダーと成人教育』2005年、創風社
『ドイツ福祉国家の変容と成人継続教育』2004年、創風社
『地主支配と農民運動の社会学』2003年、御茶の水書房
『社会教育の現代的実践―学びをつくるコラボレーション』2003年、創風社

コミュニティワークの教育的実践―教育と福祉とを結ぶ

2013年4月30日　初　版第1刷発行　　　　　　　　　〔検印省略〕
定価はカバーに表示してあります。

著者©高橋　満／発行者　下田勝司　　　　印刷・製本／中央精版印刷株式会社

東京都文京区向丘1-20-6　郵便振替00110-6-37828
〒113-0023　TEL(03)3818-5521　FAX(03)3818-5514
発行所　株式会社　東信堂
Published by TOSHINDO PUBLISHING CO., LTD.
1-20-6, Mukougaoka, Bunkyo-ku, Tokyo, 113-0023, Japan
E-mail : tk203444@fsinet.or.jp　http://www.toshindo-pub.com

ISBN978-4-7989-0161-9　C3037　© TAKAHASHI Mitsuru

# 東信堂

|  |  |  |
|---|---|---|
| 現代日本の地域分化——センサス等の市町村別集計に見る地域変動のダイナミックス | 蓮見音彦 | 三八〇〇円 |
| 地域社会研究と社会学者群像 | 橋本和孝 | 五九〇〇円 |
| 「むつ小川原開発・核燃料サイクル施設問題」研究資料集——社会学としての闘争論の伝統 | 舩橋晴俊編著 茅野恒秀 金山行孝 | 一八〇〇〇円 |
| 組織の存立構造論と両義性論——社会学理論の重層的探究 | 舩橋晴俊 | 二五〇〇円 |
| 新版 新潟水俣病問題——加害と被害の社会学 | 飯島伸子・舩橋晴俊編 | 三八〇〇円 |
| 新潟水俣病をめぐる制度・表象・地域 | 関礼子 | 五六〇〇円 |
| 新潟水俣病問題の受容と克服 | 堀田恭子 | 四八〇〇円 |
| 公害被害放置の社会学——イタイイタイ病・カドミウム問題の歴史と現在 | 飯島伸子・渡辺伸一・藤川賢編 | 三六〇〇円 |
| 自立支援の実践知〔改訂版〕 | 似田貝香門編 | 三八〇〇円 |
| ボランティア活動の論理——ボランティアとサブシステンス | 佐藤恵 | 三二〇〇円 |
| 自立と支援の社会学——阪神・淡路大震災とボランティア | 西山志保 | 三六〇〇円 |
| 個人化する社会と行政の変容——情報、コミュニケーションによるガバナンスの展開 | 藤谷忠昭 | 三八〇〇円 |

《大転換期と教育社会論：地域社会変革の社会論的考察》

| 巻 | 書名 | 著者 | 価格 |
|---|---|---|---|
| 第1巻 | 教育社会史——日本とイタリアと | 小林甫 | 七八〇〇円 |
| 第2巻 | 現代的教養 I——生活者生涯学習の地域的展開 | 小林甫 | 六八〇〇円 |
| 第3巻 | 現代的教養 II——技術者生涯学習の生成と展望 | 小林甫 | 六八〇〇円 |
| 第3巻 | 学習力変革——地域自治と社会構築 | 小林甫 | 近刊 |
| 第4巻 | 社会共生力——東アジアと成人学習 | 小林甫 | 近刊 |

|  |  |  |
|---|---|---|
| ソーシャルキャピタルと生涯学習 | J・フィールド 矢野裕俊監訳 | 三二〇〇円 |
| コミュニティワークの教育的実践 | 高橋満 | 二〇〇〇円 |
| NPOの公共性と生涯学習のガバナンス | 高橋満 | 二八〇〇円 |
| 都市社会計画の思想と展開〈アーバン・ソーシャル・プランニングを考える〉（全2巻） | 橋本和孝・藤田弘夫・吉原直樹編著 | 三三〇〇円 |
| 世界の都市社会計画——グローバル時代の都市社会計画 | 橋本和孝・藤田弘夫・吉原直樹編著 | 三三〇〇円 |

〒113-0023 東京都文京区向丘1-20-6
TEL 03-3818-5521　FAX 03-3818-5514　振替 00110-6-37828
Email tk203444@fsinet.or.jp　URL:http://www.toshindo-pub.com/

※定価：表示価格（本体）＋税

東信堂

|  |  |  |
|---|---|---|
| 子ども・若者の自己形成空間——教育人間学の視線から | 高橋勝編著 | 二七〇〇円 |
| 文化変容のなかの子ども——経験・他者・関係性 | 高橋勝 | 二三〇〇円 |
| 関係性の教育倫理——教育哲学的考察 | 川久保学 | 二八〇〇円 |
| グローバルな学びへ——協同と刷新の教育 | 田中智志編著 | 二〇〇〇円 |
| 教育の共生体へ——ボディエデュケーショナルの思想圏 | 田中智志編 | 三五〇〇円 |
| 人格形成概念の誕生——近代アメリカの教育概念史 | 田中智志 | 三六〇〇円 |
| 社会性概念の構築——アメリカ進歩主義教育の概念史 | 田中智志 | 三八〇〇円 |
| 教育の自治・分権と学校法制 | 結城忠 | 四六〇〇円 |
| 教育による社会的正義の実現——アメリカの挑戦（1945-1980） | D・ラヴィッチ著／末藤美津子・佐藤晋訳 | 五六〇〇円 |
| 学校改革抗争の100年——20世紀アメリカ教育史 | D・ラヴィッチ著／末藤美津子訳 | 六四〇〇円 |
| 教育における国家原理と市場原理——チリ現代教育政策史に関する研究 | 斉藤泰雄 | 三八〇〇円 |
| ヨーロッパ近代教育の葛藤——地球社会の求める教育システムへ | 太田美幸編 | 三二〇〇円 |
| ミッション・スクールと戦争——立教学院のディレンマ | 前田一男編 | 五八〇〇円 |
| 多元的宗教教育の成立過程——アメリカ教育と成瀬仁蔵の帰一の教育 | 大森秀子 | 三六〇〇円 |
| 未曾有の国難に教育は応えられるか——「じひょう」と教育研究60年 | 新堀通也 | 三三〇〇円 |
| 演劇教育の理論と実践の研究——自由ヴァルドルフ学校の演劇教育 | 広瀬綾子 | 三八〇〇円 |
| 教育の平等と正義〈シリーズ 日本の教育を問いなおす〉 | 大桃敏行・中村雅子・後藤武俊訳K・ハウ著 | 三二〇〇円 |
| 拡大する社会格差に挑む教育 | 西村和雄・大森不二雄・倉元直樹・木村拓也編 | 二四〇〇円 |
| 混迷する評価の時代——教育評価を根底から問う | 西村和雄・大森不二雄・倉元直樹・木村拓也編 | 二四〇〇円 |
| 教育における評価とモラル | 西野真由美編 | 二四〇〇円 |
| 地上の迷宮と心の楽園［コメニウス・セレクション］ | J・コメニウス著／藤田輝夫訳 | 三六〇〇円 |

〒113-0023 東京都文京区向丘1-20-6　TEL 03-3818-5521　FAX 03-3818-5514　振替 00110-6-37828
Email tk203444@fsinet.or.jp　URL:http://www.toshindo-pub.com/
※定価：表示価格（本体）＋税

東信堂

|  |  |  |
|---|---|---|
| 転換期を読み解く——時評・書評集 | 潮木守一 | 二六〇〇円 |
| 大学再生への具体像 | 潮木守一 | 二五〇〇円 |
| フンボルト理念の終焉？——現代大学の新次元 | 潮木守一 | 二五〇〇円 |
| いくさの響きを聞きながら——横須賀そしてベルリン | 潮木守一 | 二四〇〇円 |
| 大学教育の思想——学士課程教育のデザイン | 潮木守一 | 二八〇〇円 |
| 国立大学法人の形成 | 絹川正吉 | 二六〇〇円 |
| 国立大学・法人化の行方——自立と格差のはざまで | 大﨑仁 | 二六〇〇円 |
| 転換期日本の大学改革——アメリカと日本 | 天野郁夫 | 三六〇〇円 |
| 大学の責務 | 江原武一 | 三六〇〇円 |
| 大学の財政と経営 | 丸山文裕 | 三八〇〇円 |
| 私立大学マネジメント | (社)私立大学連盟編 | 三二〇〇円 |
| 私立大学の経営と拡大・再編 | 両角亜希子 | 四七〇〇円 |
| 大学の発想転換——体験的イノベーション論二五年 | 坂本和一 | 四二〇〇円 |
| ドラッカーの警鐘を超えて | 坂本和一 | 二五〇〇円 |
| 30年後を展望する中規模大学 | 市川太一 | 二五〇〇円 |
| 大学のカリキュラムマネジメント——マネジメント・学習支援・連携 | 中留武昭 | 三二〇〇円 |
| 戦後日本産業界の大学教育要求——経済団体の教育言説と現代の教養論 | 飯吉弘子 | 五四〇〇円 |
| 教育機会均等への挑戦——授業料と奨学金の8カ国比較 | 小林雅之編著 | 六八〇〇円 |
| アメリカ連邦政府による大学生経済支援政策 | 犬塚典子 | 三八〇〇円 |
| アメリカ大学管理運営職の養成 | 高野篤子 | 三二〇〇円 |
| [新版] 大学事務職員のための高等教育システム論——より良い大学経営専門職となるために | 山本眞一 | 一六〇〇円 |
| アメリカにおける多文化的歴史カリキュラム | 桐谷正信 | 三六〇〇円 |
| 現代アメリカの教育アセスメント行政の展開——マサチューセッツ州 (MCASテスト)を中心に | 北野秋男編 | 四八〇〇円 |
| 現代アメリカにおける学力形成論の展開——スタンダードに基づくカリキュラムの設計 | 石井英真 | 四二〇〇円 |
| 大学教育とジェンダー | ホーン川嶋瑤子 | 三六〇〇円 |
| ジェンダーはアメリカの大学をどう変革したか | ホーン川嶋瑤子 | 二五〇〇円 |
| スタンフォード 21世紀を創る大学 | | |

〒113-0023 東京都文京区向丘1-20-6
TEL 03-3818-5521　FAX 03-3818-5514　振替 00110-6-37828
Email tk203444@fsinet.or.jp　URL:http://www.toshindo-pub.com/

※定価：表示価格（本体）＋税